質問思考の技術

CHANGE YOUR LIFE ,
CHANGE YOUR QUESTIONS (4th ed.)

すべては「前向き質問」でうまくいく

増補改訂版

著 マリリー G.アダムス

監修 鈴木義幸
株式会社コーチ・エィ代表取締役社長
エグゼクティブコーチ

訳 中西真雄美

Discover

CHANGE YOUR QUESTIONS CHANGE YOUR LIFE
(4th edition)
by Marilee Adams

監修者の言葉

——質問を変えれば、人生が変わる——

人は膨大な量の質問を、日々自分自身に対して投げかけています。

たとえば、朝起きます。即座に自分に質問する。

「今日は何を着ていこう？」

それに対する答えが生まれます。

「そうだ、大事な会議があるんだ。スーツをしっかり着ていかないと」

次の質問が生じます。

「ネクタイはどれにしよう？」

「インパクトを与えられるように赤にするか」

こんな具合です。

どうやら人の思考のかなりの部分は、質問によって構成されているようです。

「明日からの出張は気が重いなあ」

ただの独白に思えるつぶやきも、実はその前に、「明日からの出張はどんなふうだろう?」という質問が存在しています。

質問に対する答えとして、思いが言葉になり内側で発せられるわけです。

これは至極普通のことですが、問題は、人が自分に投げかけている質問は、かなり無意識で、自分では認識しにくいということです。

「明日からの出張はどんなふうだろう?」という質問を、少し重いトーンで知らず知らずのうちに自身に投げかける。結果として、「明日の出張は気が重いなあ」というつぶやきが内側に生まれ、そのつぶやきによって実際に重い気分が引き起こされエネルギーが下がる、ということが起きるわけです。

もし、最初の質問を意図して、

「明日からの出張でどんな成果を自分は上げたいだろうか？」

「明日からの出張で効率よく結果を出すためにはどんな準備が必要だろうか？」

「明日からの出張で自分は何を学ぶことができるだろうか？」


等に変えることができたらどうでしょうか？


自分の中に生まれる答えは間違いなく変わるはずです。

そして、その答えから導き出される行動も。


……という右記の文章を、今この瞬間読んで、「そんなこと、いったいどうやったらできるんだ？　気の重い出張のときに」と思わず無意識に自分に質問した人もいるでしょう。

残念ながらその類の質問でスタートしても、何もプラスのことは起きません。


「どうしたらこのような自分への質問の仕方を身につけることができるだろうか？」

と質問した人とは、まさにこの瞬間に違いが生まれたのです。

さて、自分に対する質問にはさまざまな種類があるようで、大きく分けてしまえば2種類しかないことを、本書は明確に示しています。

「学ぶ人の質問」と、「批判する人の質問」です。

簡単に言ってしまえば、世の中には、どんな状況に置かれても「どうしたらこのことから学べるだろうか」とつねに自分に質問をしている人と、「どうしてこうなったんだ？」と批判的に質問している人がいるということです。

そして、前者は内側につねに肯定的な感情を宿し、どんどん新しいことを学んでいくのに対して、後者は否定的な感情をわざわざ自らの中に自らで作り出し、新たな学びをなかなか起こすことができません。

最近欧米のマネジメント関係の書籍や論文を読んでいると、「Experience is overrated.（経験が重要視されすぎている）」「Learning agility matters.（俊敏に学習できることこそが大事である）」という表現によくあたります。

リーダーにとって経験が大事なのは言うまでもないけれど、これだけ変化の激しい中では、学習しつづける者こそが、リーダーとして意味のある未来を語り、チーム、組織を束ね、方向性を持って率いることができる、ということです。

言い換えれば、リーダーとしての成功を予測するための最も的中率の高いファクターが学習の俊敏性である、というわけです。

そして、どのような条件下に置かれても、俊敏に学習をしつづけられる人とは、要するに、自分の中で「学ぶ人の質問」をしつづけている人であるということが、本書を読むと、とてもよくわかります。

私の属する株式会社コーチ・エィは前身の株式会社コーチ・トゥエンティワン時代から含め、17年間コーチングに特化して事業をおこなってきました。17年間で何千人というリーダーのコーチングをする機会に恵まれました。

コーチングをするということは、突きつめると、対象となるリーダーのLearning Agility（学習能力）を高めるということになります。

どんなにリーダーが厳しい状況に置かれていても、リーダーが時に自分の責任を脇に置くような発言をしたとしても、コーチングにおいてはコーチはつねにリーダーに「学習」

を問います。

どんなに前向きな人でも自分への質問がネガティブになる場面があります。疲れたとき、うまくいかないとき、「なんだよ、あの上司」「この環境で成果を上げることはそもそも難しいんだ」「部下がこれではそもそも……」そんな発言が生まれているときは、内側で批判する人の質問を繰り返しています。


「どうしてこんなことになったんだ？」

「なぜこんなにやっているのに成果が上がらないんだ？」


そうしたときには、いえそうしたときだからこそ、コーチは学ぶ人の質問を投げかけます。安易に共感せず、リーダーを学習に向けて軌道修正します。


「この状況を変えるために、誰とまず話をしますか？」

「誰のどんな意見を参考にしてみたいですか？」

「この問題から何が学べますか？」

リーダーが自らの新たな学習によって目の前のハードルを越えることができるように、質問を投げかけていくのです。

そして、さらにその先、学習者としての質問が「内在化」され、今後どんな状況に陥っても、学習者としての質問が即座に起動するように支援していきます。

著者のマリリー・G・アダムスはエグゼクティブコーチ（経営判断をする立場にある人が、より良い経営判断をし、経営活動にポジティブな変化を起こすために行われる1対1のコーチング）です。本書を読むことで、みなさんは素晴らしいコーチからコーチングを受けているような体験を味わうことができるでしょう。

彼女の書き記したストーリーを追いながら、自分の状況と重ね合わせ、そして主人公に投げかけられる質問があたかも自分へと投じられた質問のように感じていく。本書を読み終わるころには、たくさんの学ぶ人としての質問がみなさんの中にストックされ、実際にさまざまな現実の場面で、それらの質問を自分に投じることを楽しみに思えるようになっているのではないでしょうか。

リーダーを目指すのであれば、何はともあれ、まずは本書を読んで、学習するためのシステムを自分の中に取り入れることを検討してほしいと思います。
結局、前向きな人は、前向きな質問を自分にして、前向きな人生を手にし、うまくいっているのですから。

株式会社コーチ・エィ代表取締役社長
エグゼクティブコーチ
鈴木義幸

まえがき

―クエスチョン・シンキングへの招待―

本書の第一版が出版された直後のある夏の午後、私がオフィスの電話に出ると、男性が大きな声でこう言いました。

「あなたは知らないかもしれませんが、私はベンなんです」

彼は笑いだし、私も彼につられるように笑いだしました。

彼の言っている意味が正確にわかっていたからです。

本書の主人公のベンは私の創作ですが、私が過去三〇年にわたってコーチングをしてきた多くのクライアントがそのベースになっています。電話をかけてきた男性は、ベンの置かれた状況に完全にわが身を重ね、その結果、私が彼自身や彼の組織の助けになってくれるだろうと確信していたのです。

ベンは私の読者の多くにとって、ほぼレジェンドのような存在になっています。

ストーリー――読者がそのストーリーを通して、クエスチョン・シンキング（QT）の実用的な力を体験するビジネス・フィクション――のなかでは、ベンが新しく就任した指導的立場にもがき苦しんでいます。

しかも彼は家庭内にもトラブルを抱えています。結婚してまだ一年も経たない新婚の妻グレースとの関係は、どんどん緊張感が増している状態。私たちが初めてベンと出会ったとき、彼はひとりの不幸せで惨めな男性でした。

けれども、彼のコーチでありメンターでもある、ジョゼフ・エドワーズの助けを得て、彼は仕事関係で進歩しただけでなく、妻との絆も深めることができたのです。

〝ベン〟と名乗る人物からの初めての電話以来、私はさまざまな経歴をもつ人から同様のメッセージを受け取っていました。読者のひとりデビッドは、ベンと同じように職場でトラブルを抱えており、とくにチームの仕事に問題があると書いていました。

本書を読んで、自分自身への質問が変わっただけでなく、彼の新たなリーダーシップスタイルがチームの協力体制や生産性を大きく向上させたそうです。彼は最終的に大きな成功をおさめたため、彼の成果がインク誌の記事に取りあげられました。

『すべては「前向き質問」でうまくいく』の最新版が出版されて以降、世界は劇的に変化し、私たちが直面する最近の社会問題、経済問題、健康問題、環境問題への対応手段として、クエスチョン・シンキング（QT）のスキルがこれまで以上に重要なものとなっています。

インターネットやその他のデジタルメディアを通して、私たちは広範な意見や多種多様な情報源に攻め立てられています。

入ってくる情報に疑問をもち、厳しい目で評価する能力がなければ、こうした経験の積み重ねの影響によって、リーダーとして、また人間として、不安や不確実性、不調和が悪化してしまいます。QTスキルは、再起力や適応力、思慮深さや希望とともに、こうした荒波を乗り切る能力を支えてくれるのです。

QTは、私たちの現在の考え方を観察し、評価するためのスキルを提供してくれます。そして、より充実した経験や成果を達成するための新しい質問が設計できるよう、私たちを導いてくれます。

QTとは、「反射的」にではなく、「対象にしっかり意識を向けて」考えることです。QTを実践すれば、プレッシャーのかかる状況でもより生産的な結果が出せることでしょう。一方で、プライベートでも職場でも非常に重要な、建設的な思考ができる能力を構築できるようになります。

こうしたスキルがなければ、私たちの大志は、単なる願望や夢にとどまってしまうものです。

このQTは、私の人生において重大な発見をした瞬間から始まりました。

当時の私は、博士論文に取り組む意志の強い大学院生でした。

その運命の日、私は自信をもって書いた論文に指導教授から高い賞賛を得られるものだと思っていたのに、返ってきた教授の言葉は「マリリー、これでは受理できないよ」だったのです。

最初、私はいつもの行動をとっていました。涙を浮かべながら、「どうしてダメなの?」と考えていたのです。

ところがそのとき、新しい変化が起きました。私は自分自身を客観的に見て、自分がなにを考えているかだけでなく、どんなふうに考えているかも観察していたのです。

自分を不幸にしているネガティブな要因のすべては、自分に向ける質問の形態だと、私は気づいていたのです。

「私になにがあったの? どうして、得るべきものが得られないの? 私には提供できるものがあると、どうして考えていたのだろう? どうしてほかのみんなは私より利口で、なんでもうまくやっちゃうの?」

たとえば、こんな質問に時間をかけて答えたことのある人なら、これがどんなに厄介でイライラさせるものかわかるでしょう。

もう、そんな質問にとらわれないようにしよう。私は立ち止まって深呼吸をしました。

心が落ち着いて好奇心が湧いてくると、私はシンプルにこう自分に尋ねました。

「OK、私はどうやって回復しようかしら?」

このシンプルな考え方の切り替えによって、それまで自分は無力だと感じていたのが、

「建設的な行動がとれる」と自信がもてるようになっていたのです。

私は心のなかの批判する人を休ませ、私の指導教授の忠告を心静かに検討していました。

すぐに、教授が「受理できない」としたセクションを書き直し、さらに驚いたことには、論文をおおいに改善できる新たな可能性を考えついたのです。

もちろん、こう考えずにはいられませんでした。

「なにが起こったの? 今回はどうしてこんな変化が起きたの?」

「私の変化はただのまぐれ当たりだったのだろうか?」

「この奇跡のようななにかを、再現性のある信頼できるメソッドに変える方法はあるのだろうか?」

このごく小さな出来事から、私がクエスチョン・シンキング(QT)と呼ぶシステムが発展していったのです。

質問で人はどう考えるのか。

こうした質問は人生や結果にどう影響するのか。

『Coaching with the Brain in Mind: Foundations for Practice』の著者であるデビッド・ロックとリンダ・J・ページは、この本のなかで私のワークのおもな利点の一つをこう述べています。

「人々はたいてい内なる質問、すなわち経験や人生を形づくり、方向づける際に発揮する奥深い力に気づいていない。質問を変えることにより、異なる結果へ導く異なるプロセスを人は発動できる」

もしあなたがコーチか、チームリーダーや部長、CEOといったチェンジエージェント（変革推進者）であるなら、QTメソッドは話し合いに不可欠な存在となるでしょう。セルフコーチングや自己認識、有効性の向上のためのスキルにもなりえます。

フレクストロニクス（のちにフレックスに改名）は、約三〇カ国でエレクトロニクス製造販売をするグローバルリーダーです。その企業の組織有効性担当のシニアディレクターであるカーメラは、QTの原理を活用し、業績不振だった事業所のリーダーを成功へと導くコーチングを行っていました。その部門で最低の成績を出していた事業所で約七百人を対象にしていたことを考えると、それは見事なものでした。

カーメラは事業所のリーダーたちに『すべては「前向き質問」でうまくいく』を読み、チームで本の内容を共有するよう指示しました。それから、彼女はリーダーたちのコーチングに、Qストーミングと呼んでいるツールを活用し、最終的には、手ごわい問題を解決するに至りました（このツールの利用法については第11章に記載）。

三カ月以内に、カーメラのQTに基づくコーチングは、事業所の劇的な業績回復によって信用をえたのです。この事業所はその部門のトップになり、今もその地位にいます。

こうしたストーリーは、QT（クエスチョン・シンキング）の普遍的な適用能力を示しています。

それは、あなたの役割やキャリアにかかわらず、おおいに仕事の役に立つことでしょう。それこそが、企業や組織で非常に広く活用されている理由です。

プライベートにおけるメリットも大きいでしょう。読者は生活や人間関係を幸せで満たされたものに変えていけます。

四〇万部超えという好調な販売状況を見て、出版社から本書・増補改訂版の執筆依頼がありました。

私は過去数年間でクライアントや生徒、ワークショップの参加者から学んだことに基づいて、内容を加筆修正するチャンスをいただいたと感じました。なかでもアメリカン大学のキー・エグゼクティブ・リーダーシップ・プログラムの素晴らしい学生たちは、ここ十年にわたって、たくさんのことを教えてくれ、質問によるリーダーシップに関する私の考えを広げてくれています。

クライアントや生徒たちが教えてくれたことを、本書のなかにストーリーや逸話のかたちで織り込み、巻末のＱＴツールにも活かしています。

私が今回とくに喜んでいるのは、急成長する神経科学における魅力的な発見のいくつかをこの増補改訂版に組み入れていることです。日常の難題に、人間はどう反応するのか。それに関する脳科学者の発見にまつわるストーリーに、まったく新しい章を設けて触れています。

これらの発見によって、私たちはＱＴが、チームやリーダーシップ開発に加えて、個人の進歩においても、大きな影響を与えられると信じています。

神経科学がマインドセットについて私たちに教えてくれることを感じとれば、変化のプロセスを明らかにできるだけでなく、変化の可能性や方法、再起力やポジティブな習慣の構築に自信がもてるようになるでしょう。

私は最初の著書に、「質問で世界をつくる」と書きました。

質問は私たちの精神を、目を、心を開きます。

私たちは質問によって、学び、だれかとつながり、なにかをつくります。

私たちはより賢明になり、生産性が上がり、良い結果が出せるようになります。固定した意見や容易に出せる答から、好奇心、思慮深い質問、開放的な会話、協力方法に光を当てること、より深いつながり、発見、そして革新へとシフトします。

仕事や社会は、探究と可能性の精神にあふれているのです。


さあ、ベンに会いに行きましょう。質問を変えれば本当に人生を変えられるということを、ベンの言葉のなかに見つけられるでしょう。

＊本書は二〇一四年十二月に小社より刊行された書籍『〈新版〉すべては「前向き質問」でうまくいく』に大幅に加筆修正を加えた増補改訂版です。

CONTENTS

人物紹介

ベン・ナイト……主人公。前職の上司アレクサ・ハートに請われてQテック社に転職。プロジェクト・リーダーをまかされるが、メンバーのマネジメントに苦戦中で、業績が上がらず追いつめられている。その余波で、妻グレースともぎくしゃくしている。

グレース・ナイト……ベンの妻。美術関係の仕事をしている。ベンの様子がおかしいことを案じている。前向きな考え方の持ち主。

アレクサ・ハート……ベンの上司。女性経営者。ベンの能力を信頼しているが、マネジメント能力を懸念して、コーチのジョゼフのもとにベンを行かせる。

ジョゼフ・エドワーズ……エグゼクティブ・コーチ。質問を前向きにすることを通じて思考を建設的なものに変え、よりよい仕事、人間関係、恋愛、ひいては人生を送れることを提唱。その内容に定評があり、ビジネス界に多くのクライアントをもつ。

サラ・エドワーズ……ジョゼフの妻。

チャールズ……ベン率いるプロジェクト・チームのサブリーダー。転職してきたベンにポジションを奪われたためか、反抗的な態度をとり、折り合いが悪い。

第 1 章

人生を変える質問力

新たな知識を得ようとするなら、
世界中の質問を集めるべきだ

スザンヌ・K・ランガー

デスクに置かれた紫檀のペーパーウエイトには純銀のプレートが付いていて、こんな言葉が刻まれている。

『偉大な成果は、偉大な質問から始まる』

これは、私の人生において特別な存在となったジョゼフ・エドワーズからの贈り物だ。彼は、私に**「前向き質問＝クエスチョン・シンキング（自分自身や他者への質問を変えることで、前向きな思考や建設的な結果を手に入れる思考法）」**を教えてくれた。

クエスチョン・シンキングによって、一生気づかなかったかもしれない私の心の一部が開かれた。多くの人がそうであるように、私は問題解決とは正しい答を探し求めることだと信じていた。だが、彼は私にこう教えてくれた。

問題を解決する一番の方法は、より良い質問を考え出すこと。

そのころ、私は仕事でも結婚生活でも困った状況にあった。しかしクエスチョン・シンキングのおかげで、キャリアを失わずにすみ、結婚生活も破綻をまぬがれた。

●
●
●

すべては私がQテック社の管理職として招かれたところから始まった。

当時、その会社は大規模な見直しを迫られており、ウォール街では、奇跡でも起こらない限り年内にも倒産だろうと噂されていた。友人には、沈みゆく船に乗りこむようなものだと忠告された。

なのになぜ、私はあえて危ない橋を渡る気になったのだろうか？

それは私にその職を用意してくれたアレクサ・ハートを信じたからだ。彼女は当時Qテック社のCEOに任命されたばかりだった。彼女とは私が以前勤めていたKB社で数年間一緒に働いたことがあり、私は彼女のたぐいまれなリーダーシップに一目置いていた。Qテック社を必ず立て直してみせるという彼女の自信に、私の心も動いた。

そのうえ、大幅な収入アップ、立派な肩書き、革新的な新商品開発チームのリーダーの地位を得られる。すべてがうまくいけばリスクを取ってもお釣りが来る。うまくいかなかったとしても……いやいやそんなことは考えないでおこう。そのときはそう思っていた。

滑り出しは順調で、この仕事はうまくいくと私は確信していた。リーダーとしてチームのメンバーと働くことに非常に満足している自分がいた。

アレクサが私を雇ってくれたのは、私のテクノロジーおよびエンジニアリングの能力を買ってのことで、私もその点で期待に応えられると思っていた。新商品は私には非常に魅力的で、技術的にも自分の得意分野だった。

KB社にいたころ、私は「答を出す男(アンサーマン)」として賞賛を受けていた。アレクサは、私が何度も奇跡を起こすところを見ていたと言う。私はきわめて厄介な問題を次から次へと解決していた。

ところがQテック社で私が直面していたのは、まったく別の難問だった。

社内的にも大きな賭けであり、注目度の高いチームを率いる難しさだ。部下を育て、リーダーとしてのスキルを養うことはとても大変なことだと、アレクサは事前に告げてくれたが、私はこの挑戦にわくわくしていた。

私のチームは熱意と才能にあふれた集団に思えたし、私はこのプロジェクトを指揮することに興奮を覚えていた。

しばらくはすべてが順調に進んだ。順調すぎるくらい順調だった。

だがそのうち、破綻をきたしはじめた。まるで、突然まぶしいスポットライトが私の欠点を照らしだしたかのようだった。あえて口にはしなかったが、多くの失敗に立ちゆかなくなっていると密かに認めていた。

さらに厄介だったのは、チャールズの存在だ。私がQテック社に来るまで、彼が私の仕事を任されていた。彼が私を恨んでいたとしても不思議はない。

予想どおり、彼は当初からまさしくトラブルメーカーだった。私のやることなすこと、いちいち疑問を投げかけてきた。

事態はどんどん悪化していった。友人が忠告したように、Qテック社という船はまだ沈んでこそいなかったが、明らかに浸水していた。

船長として、私にはどう対処すればいいのかわからなかった。チームミーティングは茶番化し、活発な議論もなく、解決策も出せず、チームワークのかけらもなくなっていた。他社に先駆けて商品を市場に出せるかどうかすらもわからなかった。

仕事と同様、家庭もうまくいっていなかった。結婚して八カ月の妻・グレースとのあいだにもピリピリしたムードが高まっていた。彼女は頻繁に「職場で何があったの？」と尋ねてくる。ある日、私はとうとう妻に「きみは詮索しすぎだ。仕事に口出ししないでくれ」と言ってしまった。妻は傷つき、私は情けない思いでいっぱいで、どうすればいいのかまったくわからずにいた。

グレースには私が抱えている問題を知られたくなかった。ほかの人間なら途方に暮れるような難題でも私には解決できる……今までの私はそう自負してきた。

この仕事が私の手には負えないと、妻やアレクサ、それに同僚たちが気づく前に、きっとうまい解決策が見つかるはずだ。それまではすべてを自分ひとりの胸におさめ、ただ一日一日をやり過ごすことに全力を尽くすだけだった。

私は途方に暮れ、完全にまいっていた。まるで人生のすべてが崩れ落ちていくようだった。

そんなとき、大きなターニングポイントが訪れた。その日は朝からグレースと口論をし、そのわずか数時間後に仕事で大きな危機に見舞われた。だれもはっきりと口にしなかったが、メンバーの目を見てそれを察した。万事休すだ。

それが私にとっての〝真実の瞬間〟だった。

私はひとりになって事実と向き合う必要があった。グレースに電話をし、大事な報告書を仕上げなければならないので今日は徹夜になるとメッセージを残した。それから私はオフィスで長い夜を過ごし、壁をながめ、まだあきらめきれずに正しい答を探し求め、人生でもっとも悲惨だったここ数週間を思い返していた。

真実と向き合わなければいけない、そう自分に言い聞かせた。

私は大失敗をやらかしたのだ。

朝の六時を少しまわったころ、私はコーヒーを飲みに外へ出て、それから辞表を書きはじめた。三時間後、辞表を書き上げた私はアレクサに電話をし、今から会いたいと約束をとりつけた。

アレクサがいる重役室までの距離は百メートルもないのに、その朝は百キロにも感じられた。彼女のオフィスの大きな両開きドアまでたどり着くと、私は立ち止まって、落ち着きを取り戻そうと深呼吸をした。

そして、しばらくその場に立ったまま、ノックをする勇気を奮い起こしていた。私が腕を上げたちょうどそのとき、背後から声が聞こえてきた。

「ベン・ナイト、来てたのね。ちょうどよかった!」

アレクサだった。その声を聞きちがえるはずがない。どんなにひどい状況にあっても、その声はいつもはつらつとして、どこか楽天的な感じがする。人を惹きつける、活力に満ちた雰囲気の四十代後半のその女性は、自信に満ちあふれ輝いていた。

アレクサのような女性は見たことがない、そうグレースに話したことがある。アレクサはただひたむきにQテック社の仕事に取り組んでいた。もちろん彼女は仕事と真剣に向き合っていたが、あまりにも自信に満ちた態度で楽しみながらこなすので、苦労などないように見えるのだ。

目の前にいるアレクサを見た瞬間、私は自分に欠けているものを痛感した。

身体の感覚が麻痺したようで、なんとか沈んだ声でぼそぼそと挨拶をすると、彼女は私の肩に手を置き、オフィスへ招き入れた。


重役室は広々として、高級住宅の大きなリビングルームぐらいの広さがあった。ふかふかの緑の絨毯を踏んで広い部屋を横切り、出窓のほうへ歩いていくと、ミーティング用のスペースが用意されていた。そこには、クルミ材の大きなコーヒーテーブルをはさんでソファが二つ置かれていた。

「座ってちょうだい」

どうぞといったしぐさで、アレクサはソファを指した。

「秘書が言っていたわ。あなたのオフィスの明かりが昨夜遅くにまだ点いていて、今朝早く彼女が着いたころには、もうあなたが会社にいたって。私とのミーティングのためかしら？」

彼女は向かいのソファに座り、コーヒーテーブルの上にある私の辞表が入った緑色のフォルダーを指さしながら尋ねた。

私はうなずいて、彼女がフォルダーを手に取るのを待った。

だがアレクサは、時間はたっぷりあるとでも言いたげにソファの背にもたれた。

「なにが起きているのか話して」

私は緑色のフォルダーを指さした。

「辞表が入っています。申し訳ありません」

そのとたん聞こえてきたアレクサの声に、私はたじろいだ。聞こえてきたのは驚きの声でも、非難の言葉でもなく、なんと笑い声だった。それも意地の悪い笑い声ではない。

どういうことだ？　私はなにか見落としてしまったのか？

理解できない。どうしてアレクサは、私の大失態を気にもかけず、感じのよい笑い声をあげているのだろう？

「ベン、私を見捨てるつもりじゃないわよね」

アレクサはそう言って、フォルダーを私のほうへすべらせた。

「そんなのしまってちょうだい。私はあなたの今の状況をあなた以上にわかっているわ。私のために、少なくともあと数カ月はがんばってみて。ただそのあいだに変化を起こすと約束してちょうだい」

私は呆気にとられて尋ねた。

「本気ですか?」

「今から話すことがその答だと思ってちょうだい。ずいぶん前のことだけど、私も今のあなたと同じような状況にあったの。私は現実と向き合わざるをえなかった。成功したければ、なにか抜本的な変化を起こさなければならなかった。もう必死だったわ。

そんなとき、私はジョゼフという人のところへ行かされて、彼からいくつか率直な質問をされた。ちょっと聞いただけならシンプルな質問をね。だけど、その質問が、存在すら気づいていなかった扉をいくつも開いてくれたの。

彼はこう尋ねたの。『きみは自分の失敗の責任を取る気があるかい? ——失敗に結びついた態度や考え方、行動に対しても』って。さらに『たとえ嫌々ながらでも、自分を許し、笑いとばす気があるかい?』とも。そして、最後にこう尋ねた。『自分の経験に、とくにもっともつらい経験に価値を見いだせるかな?』って。つまり、こういうことね」

自分の身に起こったことからなにかを学ぶ気持ちがあるだろうか? そして必要な変化を起こす気があるだろうか?

ジョゼフに学んだおかげで、アレクサだけでなく夫のスタンの人生も変わったという。

「スタンはここ数年で収入が三倍になったの。今、彼自身や彼の会社の成功はジョゼフの教えのおかげよ。ジョゼフはきっとあなたにその話をするでしょう。彼は話をするのが大好きだから。とくに、質問を変えることでどのように人の人生が変わったかを、喜んで話してくれるわ」

私はおそらく戸惑った顔をしていたのだろう、アレクサはこんな言葉を付け足した。

「『人生を変える質問とはどういうことだ?』って思っているでしょう? 悩まなくていいのよ。すぐに教えてもらえるから」

そこで彼女は間をおき、慎重に言葉を選んで言った。

「あなたに、私の友人であるジョゼフのコーチングを受けてほしいの。すぐに始めるのよ。彼とは一定期間、何度も会うことになるでしょう。すぐにスケジュールの調整をしてちょうだい。これは最優先事項よ」

「彼はなにをしている人です？　精神科医ですか？」

精神科医と思うと、なんだか不安になってきた。

しかし、アレクサはにこやかに笑った。

「いいえ、彼はエグゼクティブコーチ、つまりエグゼクティブを専門にコーチングするコンサルタントよ。私は彼を〝質問好きなコーチ〟と呼んでいるの」

〝質問好きなコーチ〟だって！

今、私にわかっていることがあるとすれば、それは私には答が必要だということだ。質問なんてもうたくさんだ。いまさら質問を受けたところで、どんな役に立つというのだ？

私が出て行く支度をしていると、アレクサはなにか書き留めて、それを封筒に入れた。

「この封筒の中にあるのは、私の予言よ」

彼女はそれを私に差しだしながら、意味ありげに言った。

「これをあなたの緑色のフォルダーにしまって、ジョゼフのコーチングが終わるまで開けないでね」

アレクサはジョゼフ・エドワーズと書かれた名刺をくれた。裏返すと、大きなクエスチョンマークがデザインしてある。
それを見て私はいらついてきた。クエスチョンマークをロゴにするような人間と大事な時間を過ごすなんて、自分の信念と相容れない。

・・・

自分のオフィスに戻ると、私はデスクの椅子にどさりと座りこんだ。ふと壁に掛かった小さな金メッキの額縁に目が留まった。こんな言葉が書かれている。

『すべてに質問を！［Question Everything!］』

アインシュタインの言葉だ。Qテック社のほとんどの部屋には、これと同じものが置かれている。アレクサのリーダーシップには敬意をもち、高く評価しているが、これだけはどうにも納得がいかない。
リーダーたるもの、質問をするのではなく、答を出すべきだ。

『すべてに質問を！［Question Everything!］』
——アルバート・アインシュタイン

気がつくと、裏面にクエスチョンマークのロゴがはいったジョゼフの名刺に目が留まっていた。

いったいなにに巻き込まれてしまったのだろうか。

まあ、時間がたてばわかるだろう。

退職を先延ばしにできたことはありがたい。なにはともあれ保留になったのだから。

やがて、私の意識はグレースに向いていった。

いったいどうやって彼女との問題を片づけようか。

アレクサは私と妻のことには触れなかった。その話題が出ていたら、面倒なことになっていただろう。アレクサはグレースを気に入っている。結婚式にも来てくれた。私たちの関係がうまくいっていないと知ったら、きっと悲しむだろう。

私はジョゼフの名刺を見つめたまま、長い間そこに座っていた。アレクサが私の辞表を受け取らなかったことで、ささやかな希望がもてた。

それに自分のコンサルタントでもある〝質問好きなコーチ〟とやらを紹介してくれるほど、アレクサが私のことを考えてくれていることに勇気づけられた。

私がアレクサの信頼を得るに値するかどうか。

まだその結論は出ていないが、ジョゼフと会う約束をしたところで、私には失うものなどなにもない。

しかも、私は懐疑的ではあったものの、彼に興味もあった。

彼がアレクサやスタンを救ったというのなら、ひょっとして、私を救う答ももっているかもしれない。

第1章 まとめ

- 偉大な成果は、偉大な質問から始まる。
- 問題を解決する一番よい方法は、優れた質問を考えること。
- 自分の身に起こったことからなにかを学ぶ気持ちをもつ。
- 自ら必要な変化を起こす。

第 2 章

「選択の地図」との出会い

あなたがここまで来たやり方では、
その先へは進めない

マーシャル・ゴールドスミス

ジョゼフ・エドワーズとの面会の約束は、翌朝の十時だった。グレースには、ジョゼフとの面会のことも、アレクサとの話し合いのことも話さずにいた。もちろん、辞表を書いたことも黙っていた。

苦しい状況に追い込まれていることをどうしても認めたくなかったのだ。自分ひとりで問題を解決したかった。

グレースの追及にはだんだん耐えられなくなってきていた。妻にだって抱えている問題がある、そう自分に言い聞かせた。彼女が働く非営利団体では、二つの重要な補助金を受けるために職員がかなり奮闘している。そのうえ、彼女のアシスタントのジェニファーは、新人のボランティアで、自分からは動かないタイプだった。グレースは私のことなど心配する必要はないのだ。

適切な答や解決策が見つかるまでは、困難に耐え、問題を自分の胸におさめておこうと心に決めていた。だが、いつものことだが、グレースに対してはうまく問題を隠しとおせない。通常の仕事のストレスに悩んでいるだけではないと妻が気づいていることを、私は察しておくべきだった。

・
・
・

その日の朝、出張先に向かうグレースを車で空港まで送る途中、彼女は事態を深刻な状況にもちこんだ。ターミナルに到着したとき、グレースが口を開いた。

「最近、自分が未亡人になったような気がしているの。あなたはひどくよそよそしくて、ずっとふさぎ込んでいる。ベン、私と本当のパートナーでいる気があるなら、あなたは変わってくれないといけないわ」

だれがなんと言おうと、私はグレースを愛している。とはいえ、このように言われると、あまりいい気分ではなかった。

「今じゃなくていいだろう」

そんなつもりはないのに、かなりきつい口調になっていた。

グレースは茫然としていた。私はトランクから彼女の荷物を取り出すため車を降りた。荷物を手渡す際に目と目が合い、私は彼女が泣き出すのではないかとびくびくした。こんなふうに彼女を見送るのはよくないとわかっていたが、私は焦っていた。しかも、会話が長引けばジョゼフとの面会に遅れてしまう。ささいな夫婦の問題は後回しにするべきだろう。

グレースはつくり笑顔を浮かべ、今晩中に帰るが迎えは必要ないと言った。タクシーで帰るからいいと。彼女は背を向けると、あっという間に人混みに消えた。

ふいに怒りがこみあげてきた。どうして彼女はわざわざこんな特別な朝を選んでけんかをふっかけてきたんだ？

私はアクセルを強く踏み、車の流れの中に入っていった。クラクションが鳴り響いた。私がブレーキを強く踏むと、何台かのスピード狂がかろうじて私の車をかわしながら走りすぎた。私はいらだっていた。グレースとはけんかになるし、気の進まない面会に行かなければならないし。その日の朝はとても不愉快なスタートとなった。

ジョゼフのオフィスは、一九三〇年代に建てられ最近になって改築された十四階建ての堂々とした建物パール・ビルディングに入っていた。この地域はオールド・タウンと呼ばれ、ブティックや高級レストランでにぎわうショッピング街である。

この界隈にあるメトロポールという小さなレストランで、私とグレースはよく夕食をとっていた。グレースはアートが好きで、私がそれまで存在すら知らなかった新しい世界への扉を開いてくれた。彼女のおかげで、本屋やアートギャラリーなどをゆっくり見てまわりながら、二人で楽しい時間を過ごすことができた。慣れ親しんだ街並を通りすぎながら、私は二人の未来になにが待ちかまえているのかと思い悩んだ。

パール・ビルディングに着くと、私は真鍮で縁取られたぴかぴかのドアをいくつも押しあけ、大理石の床を横切り、ジョゼフのオフィスがある最上階へとエレベータに乗った。

そして、まるでだれかの邸宅のようなエントランスルームに足を踏み入れた。三メートル近くもある数本のイチジクの木が、大きな天窓にむかって伸びていた。

両開きのドアが、どうぞお入りくださいと言わんばかりに開いていた。その向こうに長い廊下が続いている。壁にはなにかの絵が掛かっており、グレースがこれを見たら喜ぶだろうな、などと私は考えていた。


「ベン・ナイトだね」

ジョゼフ・エドワーズが、気持ちのこもった挨拶をしながら、大股でこちらに向かってきた。六十代初めといったところだろうか。だが、その動きは十代なかばのスプリンターのようだった。身長は一メートル七十五センチぐらい、服装はカジュアルで、鮮やかな色の縞模様の奇抜なニットのセーターを着ていた。予想していた人物像とは大違いだ。

ジョゼフの顔は楽しそうに輝いて見えた。茶色の瞳は無邪気にきらめいている。頭の上部には、アインシュタインを思わせる白い巻き毛が無造作に並んでいた。

ジョゼフが温かく歓迎してくれたおかげで、この面会への戸惑いがいくらか消えた。

彼は私をオフィスへとつづく廊下へ案内し、歩きながら、この壁は〝クエスチョン・シンキングの殿堂〟と呼ぶ芸術品なのだと説明した。見たところ、そこに掛かっているものは、芸術品などというものではなく、額に入った雑誌の切り抜きや手紙のたぐいだった。

やがて私たちは、朝日が燦々とふりそそぐ大きな部屋に入った。

部屋には、大理石の暖炉にどっしりとした会議用テーブル、それに調和する椅子がそろえられ、ゆったりとした空間を作りだしている。一方の壁には大学の卒業証書と数十枚のサイン入り写真が飾ってあり、そこに写る人々の多くがジョゼフと握手を交わしている。しかも、写真の中の人物はここ数年ニュースでよく見かける顔ばかりだ。

アレクサはそんなことひと言も言わなかったが、ジョゼフはビジネス界にしっかりとした人脈のある人物、あるいはそれ以上の大物なのかもしれない。

趣味のよい額にはいった三冊の本の表紙に目がいった。三冊ともジョゼフの著作だった。いずれのタイトルにも「クエスチョン・シンキング」の言葉が入っている。

ジョゼフのあとについて、少しカジュアルな雰囲気の部屋に入ると、いくらかほっとした。ペルシャ絨毯が床を美しく飾り、三方の大きな窓からは都会の素晴らしい景色が一望できる部屋だ。遠く森の上空に、うすい雲が浮かんでいる。その風景はどこまでも広がっているかのよう思えた。

私が大きな革の肘掛け椅子でくつろぐと、ジョゼフは近くの椅子に腰をおろした。彼は左手に読書用のメガネをぶらさげていた。しばらく世間話をしたあと、彼が尋ねた。

「きみの最大の強みはなんだと思う？」

私は誇らしげに答えた。

「私は答（アンサーマン）を出す男です。つまり頼りになるってことです。私は人々が答を求めにくるような人間になることで、キャリアを積んできました。私が最終的に求めてきたのは答です。結局、ビジネスとはそういうものですよ」

「たしかに。だがね、**素晴らしい質問なくして、素晴らしい答は出せないんだ**」

ジョゼフはそこで言葉を切り、メガネを鼻にのせ、そのうえから私をのぞきこんだ。

素晴らしい質問なくして、
素晴らしい答は出せない。

「きみの働き方をひと言で言い表すような質問はあるかな？」

「もちろん。適切な答を出し、いつでもそれを証明できるようにしておく、それが私のモットーです」

ジョゼフはそれを自分自身に問いかける質問として言いなおしてみてくれと言った。意味がわからなかったが、彼の言うとおりにした。

「おそらくこうでしょう。**『私はどうすれば自分が正しいと証明できるだろうか？』**」

「素晴らしい。これでおそらくきみの問題点がはっきりしたね」

「私の問題点？」

「**アンサーマンだということ。自分は正しいと証明したがることだ。**」

ベン、われわれは思っていたよりも早く本題に入ったようだね」

意味がよくわからない。ジョゼフは私をからかっているのだろうか？　いや、彼はしごくまじめだ。

「今、なんとおっしゃいました？」

「**自分の答が正しいという証拠を見つけるのは大事なことだよ。だけど、正しさも行き過ぎるとかえって問題になる場合もある。**

たとえば、きみが正しいことをしなければならないという思いは、チームの人たちにどんなふうに受け入れられると思う？」

「意味がわからないのですが？　だれもが答をさがしているんです。それによって収入を得ている、そうじゃないですか？」

私は自分のチームに答を見つけてほしかった、それも正しい答を。

「少しプライベートな話をしようか。きみが自分は正しいと証明するのを、きみの奥さんは喜んでいるのかな？」

その言葉がグサリと胸を突いた。「いえ、そんなことは……」と私は認めた。

自分は正しいと言い張るのが私の癖だ。その癖に、グレースはしょっちゅうイライラすると言っていた。

「私の妻だって喜ばないよ」とジョゼフは笑みを浮かべて言った。

「そのことを心にとどめて、どんな質問が本当に効果があるか、もう少し深く考えてみよう。質問がコミュニケーションに不可欠な要素だということはわかっているね。だけど、**思考における質問の役割はあまり知られていない。だからこそ、クエスチョン・シンキングのスキルが非常に貴重なんだよ。**

きみが質問のもつ真のパワーをしっかり身につける気があるなら、**質問で人生すべてを変えることができる。**

それには、自分自身やまわりの人への質問の数を増やし、質を高めることが大切なんだ。

さらに、**質問をする際にはその意図がどこにあるかも非常に重要だ。**ルーマニアの劇作家、ウジェーヌ・イヨネスコの有名な言葉がある。

『人を正しい道に導くのは答ではなく、質問だ』

私の顔に戸惑いが見えたのだろう。ジョゼフは少し間をおいて、こう言った。

「これまで**クエスチョン・シンキング**という言葉を聞いたことがないんだね？」

たしかに聞いたことがない。私は首を振って応えた。

「クエスチョン・シンキングというのは、質問を使った思考スキルの体系でね。さまざまな状況への取り組み方の幅を広げてくれるものだ。

このスキルを使えば、きみの行動が途方もなくよい結果をもたらすように、後ろ向きな質問を前向きな質問へと変えることができる。

まずは自分に問いかけることから始める。そして、他者に質問を向ける。

クエスチョン・シンキングは文字どおり思考に作用するんだ。ピントのぴったり合った創造的で効果的な作用を思考にもたらす。

つまりクエスチョン・シンキングとは、賢明な選択のための土台をつくるとても優れた方法なんだよ」

クエスチョン・シンキングとは、他者への質問や自分自身への質問を巧みに駆使することで、思考、行動、結果を一変させるための体系的なツールである。

「続けてください」

疑いつつも、私はそう言った。

「たいてい、われわれはほとんど意識することなく質問をしている。自分自身への質問ならなおさらだ。質問とは、われわれの思考過程の一部なんだ。実際に思考は、頭のなかの質問と答の過程として起こっている。それだけでなく、われわれはなんらかの行動を起こし、なにかを実行する際に自分自身の質問に答えている場合も少なくない。

ひとつ例をあげよう。今朝服を着替えるとき、きみはクローゼットに行き、きっとこんな質問を自分に投げかけただろう。

『今日出かける場所は?』

『今日の天気は？』

『着心地がいいのは？』

『洗濯してあるものは？』


きみは瞬時に決断し、なんらかの行動を起こすことで、その質問に答えた。つまり服を選び、それを着た。きみは自分が出した答を身につけているんだ」

「まあ、たしかにそうでしょうけど。でも、私がそういう質問をしていたとしても、そんなことほとんど気に留めていませんよ。実際、私の最大の質問は、グレースが約束どおりに、クリーニング店から私のスーツを取ってきてくれたかということでした」

二人とも笑いだした。

ジョゼフはだんだん調子を上げていった。私は椅子に深く掛け、彼の話をしっかりと聞くことにした。私もだんだん興味が湧いてきた。

「人が行きづまったとき、答や解決案をさがすのは当然のことだ。しかしそうすることによって、問題の糸口を見つけるどころか、解決への道を塞いでしまうこともある。

アルバート・アインシュタインの素晴らしい言葉をつねに覚えておこう。

『**問題を生み出したときと同じ考え方をしていては、問題を解決することなどできない**』

問題を解決するのにまず必要なのは、質問を変えること。

そうしなければ、われわれは過去の役立たずな答を何度も何度も使いまわすことになる。

別のタイプの質問をすれば、ものの見方がすっかり変わり、新鮮な目で問題点を見つめ、それを解決することができるようになる」


『問題を生み出したときと同じ考え方をしていては、問題を解決することなどできない』

――アルバート・アインシュタイン

「質問は歴史の流れさえも変えてしまったんだ。ひとつ、びっくりするような例をあげよう。想像してみてくれ――かつて遊牧民の社会はこんな暗黙の問いで動いていた。

『どうやって水のある場所まで行こうか？』

だがね、問いかけをこんなふうに変えたとき、どんなことが起こったと思う？

『どうやって水を運んでこようか？』

この新たな質問が、人類のパラダイムを変えたんだ。

これが農業を始めるきっかけとなり、灌漑や水の貯蔵、井戸掘りといった技術が生みだされ、やがて水のある場所から何キロも離れたところに都市が生まれていった。ラスベガスを考えてみてくれ。新たな質問が人々の行動を変え、歴史の流れを変え、もう人類は引き戻せないところに来ている」

「着替えや遊牧民のパラダイムシフトについては、質問がどんな役割をしているかはわかりますよ。でも、それがビジネスにどう活用できるんです？　もっとはっきり言えば、私の抱えている問題にどう役立つというんです？」

「ポイントは質問が結果を左右するということだ」

とジョゼフは答えた。

「われわれがどう考え、どんな行動を起こし、どんな成果を出せるかはプログラミングされていると言ってもいい。たとえば、A、B、Cの三社を頭に描いてほしい。それぞれ、次のような質問に基づいて営まれている。

A社：株主を満足させるもっとももよい方法はなにか？

B社：顧客を満足させるもっともよい方法はなにか？
C社：従業員を満足させるもっともよい方法はなにか？

ビジネスの観点から、それぞれの質問は組織に異なる方向を指し示し、目標達成のための戦略に影響を与えるだろう。

覚えておいてほしい。『**質問が結果を左右する**』。

数千年前の遊牧民と同じように、Qテック社での日常にもこれが当てはまるはずだ」

質問が結果を左右する

「あなたの発想はおもしろいと思いますが……私は文字どおり、答を出すことで評判を築いてきたのであって……質問をすることで評判を得たわけではありません」

ジョゼフが言葉を継いだ。

「さいわい、答を出す男（アンサーマン）であるということは、きみが思っているよりも、質問をする男（クエスチョンマン）になる近道なんだよ」

この人はなにを言っているんだ？　アンサーマンとしての自分を捨てるつもりなんて、まったくなかった。今まで長いあいだうまくいっていたことを捨てるつもりなど毛頭ない。

ひとつだけ確信をもてることは——もしひとつの質問に固執していたら、いまだに頭をかきむしりながら、槍をもって食料を追い求めていただろうということだ。

ジョゼフはメガネをはずし、次になにを言おうかと慎重に考えこんでいるかのように、それをぶらぶらと揺らしはじめた。そして、ゆったりと落ち着いた声で話しはじめた。

「ベン、ここでしっかり現実と向き合わないといけない。きみは窮地に立っている。きみの最大の長所、アンサーマンであることが足かせになっているんだよ」

実際、妻がここにいたら、ジョゼフの話に拍手喝采していただろう。胃が締めつけられる思いだった。

「アレクサが話してくれたよ。きみがアンサーマンでいることがまだ十分に効果を発揮しているのなら、徹夜で辞表を書くこともなかったのじゃないかい？

きみが言いたいことはわかっている。そこの壁に写真が飾られている人たちとは、夜を徹して話をしてきたからね。だからこそ、私はきみを助けられると思うんだ」

ジョゼフはさらに続けた。

「アレクサはきみの能力を信じているし、相当な投資もしてきた。だけど、なにか大きな変化を起こさないかぎり、Qテック社でのきみの成功はないとも思っている。

彼女はきみのことをよくわかっているよ、ベン。彼女はきみを会社に引き抜くにあたって、懸念材料を私に話してくれた。とりわけ、きみにリーダーになる覚悟ができているのか疑問に感じていた。彼女がなにを心配しているのか、きみにも話したんじゃないかな。アレクサはけっして遠慮するような人間ではないからね」

その言葉に私たちは笑いだした。私はムードが軽くなったことに感謝した。アレクサは私が今まで出会ったなかで一番ずばりとものを言う人だ。遠回しにものを言ったりはしない。

私は彼女が私を雇い入れた日に言った言葉を思いだし、少々恥ずかしくなった。

「ベン、あなたにうちの会社に来てもらったのは、あなたがこの分野で一流の人だからよ。あなたのプロとしての洞察力こそ、うちの会社がこれから開発しようとしている新しい市場で必要なものなの。ただ、私が不安に思っているのは、あなたのマネジメント・スタイルね。リーダーとして成功しようと思うなら、その点を改善する必要があるわ。でも、私はあなたに賭けている。きっと成功すると思っているわ」

その時は、アレクサの警告を気にも留めていなかった。それどころか、大抜擢されたことをすぐさま電話でグレースに報告していた。アレクサの警告なんて、その夜の祝賀会のプランにけちらされていた。

ジョゼフが言葉を継いだ。

「アンサーマンとしてつねに正しい答を見つけだそうとするきみの断固たる決意が、きみを素晴らしい解決策へと導いてくれていた。だが、

正しい答を知っているということと、物知り顔で他人の意見を聞かない人だと受け取られることは、紙一重だ。


きみが傲慢になっていた可能性だってある。私の推測では、新しいポジションのプレッシャーと責任感で、他人の意見を聞き入れないと思われる態度が目立ってしまったのじゃないかな。そうしたレッテルが貼られてしまうと非常に厄介だ。

いったんそういう目で見だした人たちが、きみに好意や尊敬の念、信頼感を抱いてくれると思うかい？　理想的なリーダーの姿とは対極だよ」

「人気コンテストをやっているわけではないでしょう？」

私は反論した。リーダーには仕事をやり遂げる責任がある。そのためにメンバーに仕事

を割り当て、実行させる。だが、私のチームのメンバーはだれも生産的でなかった。

「きみはリーダーとしていつも相手に自主性や打たれ強さを期待し、自ら疑問を投げかけ、きみ自身も思いつかなかった解決策を見いだしてほしいと思っている。

きみの仕事上の実績は、きみがひとりで成し遂げたものだけではなく、一緒に働いている人々の努力が結集されて得られたものなんだよ。**過去に技術面でめざましい成果をあげたきみのスキルは、リーダーとして成功するために必要なスキルとは別物なんだ。**

マーシャル・ゴールドスミスの言葉に、『あなたがここまで来たやり方では、その先へは進めない』というのがある」

ジョゼフはデスクの引き出しから印刷されたカバーのついたバインダーを取り出した。それを手渡され、私はタイトルを見た。**『QTツール：クエスチョン・シンキングのためのユーザーガイド』**。そして、ページをパラパラとめくってみた。

ジョゼフが言葉を続けた。

「ベン、きみは技術的には素晴らしい能力をもっている。だが、今の仕事にはそれ以上のものが必要だ。きみが一緒に働いているのは物ではなく、人間なんだ。こと人間に関しては、質問と答を絶妙に結びつけるある種のマジックが存在する。

ヒントをあげよう。まずは質問をたくさん投げかけ、極力こちらから答を出さないようにする。もっとも効果的なコミュニケーションは、多くの質問をすることであり、最初から答を出したりしないことだ。

質問もしないでどうやって新しい情報が入る余地を作りだすんだい？

どうやって部下がなにを考え、なにを必要としているのかを見いだすんだい？

常識的に言えば、逆だろうね――実際、フォーマルコミュニケーションのコースでは通常、相手に答を告げることに重点が置かれ、質問の重要性はほぼ扱われない」

質問は多めに、答は少なめに。好奇心は旺盛に。
技術的な問題に目を向けるだけではダメだ。
部下に協力して働いてもらうためになにができる？
部下は私のなにを必要としているのだろう？
私が気づいていなかった部下の資質はなんだろうか？

「あなたは質問を重視しすぎているように思えます。たしかに、だれもが質問をします。

頭を使いませんからね。ですが、なにかを実現できるのは答を出す人間ですよ」

「ベン、現実を見ないといけないよ。きみは壁にぶつかっているんだろう。その壁を乗り越えようとしているんだろう。アレクサはきみならできると確信しているよ。でも決めるのは私ではなく、きみだ。だからきみへの質問に私は答えられない。

きみにその気があるなら、自分に問いかけてみるべき質問がいくつかある。

・部下の質問や提案に本気で耳を傾けているだろうか？
・私の生活に関わっている人たちは、私が彼らの質問や提案に耳を傾けていると感じているだろうか？
・彼らは私が彼らに敬意や信頼感を抱いていると思っているだろうか？
・彼らは私がリスクのある挑戦や、アイデアの共有を促していると感じているだろうか？

少し戸惑っているようだね。なにを考えているのか教えてくれないかい」

考えをまとめるのに少し時間がかかった。実を言うと、こんなに踏み込んだ話になるとは予想していなかった。少々面食らっていた。他人との関わり方について、自分にこれらの問いかけをしてみたものの、まだ肝心なところはつかめていない。

「この理論は素晴らしいと思いますが……このソフトスキルは、何というか、まさしくソフトですね。私たちはもっと実務的なこと、実際に結果を出せて、事態を好転させるものについて話していると思っていました」

ジョゼフはなごやかな笑い声をあげた。

「ソフトスキルを見くびっちゃいけない。それを無視するなら、危険を覚悟しないとね」

「アレクサが言いそうな言葉ですね」と私は言った。

ジョゼフがうなずいた。

「そう、まさしく彼女が言った言葉だ。彼女はこうも言っている。

『現代では、トップレベルの技術的専門知識をもっているだけで十分じゃない』。

ソフトスキルとは、より効果的で建設的なコミュニケーションスキルのこと。それは**だれでも仕事が好きになるような職場、ベストを尽くせるような職場を創りだすのにおおいに役立つ**。知能を最大限活用し、感情的知性（EQ）を向上させるスキルのことだ。

このいわゆるソフトスキル、対人スキルと言ってもいい、それをリーダーとしての成功に欠かせない土台のようなものと考えてほしい。幸いなことに、そのスキルは学ぶことができるし……教えることもできるんだ」

「どうやらあなたとは思考の方法が違うようですね。あなたは質問で考える。私は答で考える。あなたには、クエスチョン・シンキングというものが実用的で、私の抱えている問題を十分に解決できると証明していただかないといけないでしょうね」

「きみの言うとおりだ。では別の質問から始めよう。きみは変化を起こす方法をさがしている、間違いないかな？」

私は思わず肩をすくめた。

「変化を起こす方法をさがしているから、私は今ここにいます」

正直なところ、これはいったいなんの冗談なのかと思っていた。だが、それは黙っていた。私はなにも言わずにいた。

「変化を起こしたいなら、まずきみがどこからスタートしようとしているのかを理解する必要がある。それをしっかり観察するほど、きみが望む変化を起こすのに効果的だ。それこそが、クエスチョン・シンキングがきみの力になれる理由なんだ。

本当に効果的で意図的な変化は、自己観察力を強化するところから始まる。

今起こっていることをしっかりと把握できれば——自己観察力の出番だ——望む変化を起こすために適切なスキルや戦略をうまく活用できる」

ジョゼフが力説する自己観察力に、私は好奇心をそそられた。技術的な問題を解決するために、この自分を観察する能力はよく活用される。何が機能しているか、何が機能していないかに目を向け、問題を解決するための答を考えだす。

だが、自分がどんなふうに他人と関わっているかなんて、この観察レンズを通して見たことなどなかった。

実際、私は対人スキルを養うなんてことを、真剣に考えたことなどほとんどなかった。彼はこの対人スキルのことをなんと呼んだか？　そうだ、感情的知性（EQ）だ。しかも対人スキルをジョゼフのようなやり方で教わることができるなんて考えたこともなかった。

「『クエスチョン・シンキングのためのユーザーガイド』にある最初のツールは、きみの観察者としてのスキルを磨くためのものだ。次に会うまでに、これを読んできてくれ。きみがこのスキルをどう活用しているかを見つけだせるんじゃないかな」

そのツールにざっと目を通しながら、私は上の空でうなずいた。準備ができているかどうかなんておかまいなしに、自己観察の質問はすでに始まっていた。

真っ先に行った質問は、

「答のもつパワーに対する私の考えを疑ってみるべきではないか？」

だった。

きっとグレースは彼と意見が合うだろうな、そんな考えが心の隅にふと浮かんだ。私は妻にも自分の意見を話すばかりで、質問することはめったになかったんじゃないか？　そして、自分はその答がすでにわかっているのだろう。

　ジョゼフが続けた。

「その顔つきからすると、少し動揺しているね。だけど保証するよ、クエスチョン・シンキングの原則と演習の使い方、とくに自己観察力の強化について、いったん理解してしまえば、すべてのピースがあるべき場所にぴったりはまるんだ。これがきみのキャリアにどれほど大きな変化をもたらすか、きみにはきっと想像もつかないだろうね」

　それからジョゼフは意味ありげな笑みを私に向けて、こう付け加えた。

「プライベートな人間関係にも効果を発揮するのは言うまでもないがね」

　ジョゼフが私のプライベートな人間関係に触れたことに、少しイラッとした。私は子どもがやるように、耳をふさいで国歌を口ずさんでいたかった。

　だけど、反論したい気持ちと同じくらい、グレースとの仲が改善しそうだという期待もあった。そのとたん、ある質問が頭に浮かんだ。

　彼がすすめているものに心を開いて耳を傾けようとしているのに、私の抵抗心がそれを邪魔していないだろうか？

　どうってことはない。そろそろ観念しよう。ジョゼフがすすめてくれるものに挑戦するべきだ。もう選択の余地はない。私は崖っぷちなのだ。

ジョゼフが言った。

「この点をはっきりさせておこう。この体系的なツールと演習は心理療法などではない。より良い結果を出すためのいくつかの挑戦を通して、自分自身をコーチングする方法を学ぶシステムだ。効率的で生産的、かつ創造的な成功者になるためのシステムであり、同時に他者を目標達成へと導くスキルを身につけるためのシステムでもある。最終的に、きみは今の苦境から抜けだし、大躍進を遂げることになるだろう。今は信じられないかもしれないが、私はアレクサと同じ考えだ。きみが成功するほうに賭けているんだ」

ここまで話すと、ジョゼフはおどけたような口振りで三〇分の休憩を宣言した。

私は急いで自分のオフィスに電話をかけた。急を要する用件はなく、少しほっとした。私はひどく動揺していた。

ジョゼフのオフィスを出ると、彼から渡されたユーザーガイドに目を通し、次にどうするかを考えようと、私は静かなカフェに向かった。

ジョゼフは私のアンサーマンとしての強みを理解していたのだろうか？

私は何か見落としていたのだろうか？　ジョゼフはどうだろう？

数分後、鏡張りのエレベータの中で、私は顔を上げて鏡に映った自分の姿を見た。鏡の中からこちらを見返す顔は緊張と失望に満ちていた。これが私なのか！

こんな顔をグレースはこの数カ月間ずっと見ていたのか……。正直なところ、自分でもこんな姿のままでいいのかわからない。

アレクサやジョゼフが信じてくれているように、私は本当に変われるのだろうか？

私は本当に変わりたいと思っているのだろうか？

ひょっとすると、答を出すプロとしての強みを甘受していたほうがいいのでは？

ことによると、自分自身になにを求めているのかという少々難しい質問を自分に向けなければいけないのかもしれない。

自分がリーダーに向かない人間だったとしたらどうしよう。

まとめ 第2章

- 素晴らしい質問なくして、素晴らしい答えは出ない。
- 質問で、仕事・プライベート・人生、すべてを変えることができる。
- 自分自身や他人への質問の量を増やし、質を高めることが重要。
- 正しい答を知っていることと、意見を聞かない人と受け取られることは紙一重だ。

第3章

「批判する人の道」を行くと泥沼にはまる

地図は今いる場所を教えてくれるだけでなく、どこから来て、どこへ行くのかを知る手がかりにもなる

ガブリエル・ロス

休憩を終え会話を再開すると、ジョゼフはオフィスの壁の大きな絵を指さした。私はさっきからその絵に気づいていたが、とくに気にかけていなかった。

「これは**『選択の地図』**といってね」とジョゼフが説明を始めた（70～71ページ図1参照）。

「**これがあると、人が人生で選択する二つの道をしっかり観察できる。つまり『学ぶ人の道』と『批判する人の道』**だ。その名が示すように、この地図は選択する能力を身につけるためのものだ。

『選択の地図』の左側を見ると、『スタート』と書かれた丸にひとりの人物が立っている。そこは、道が二つに分かれる分岐点だ。

この人物はきみであり、私であり、ほかのだれでも当てはまる。

われわれは人生のどんな瞬間にも、地図に描かれた二つの道、『学ぶ人の道』と『批判する人の道』のあいだで選択をせまられている。

では、この地図にある吹き出しを見てみよう。

注目してほしいのは、この人物がどんな質問をしたか、どの道を進んだか、そして選んだ道がどんな結果につながったかだ」

それからジョゼフは、地図の左側のスタート地点の近くにある二つの小さな矢印に目を向けさせた。

「学ぶ人の道」の上の矢印には「選択」とあり、「批判する人の道」の下の矢印には「反応」と書かれている。

「学ぶ人の道」を見ると、そちらを選んだ人物が楽しそうに駆けている。「選択」と結び付く道へ、思わず進みたくなってくる。

それから、「反応」と結び付いた「批判する人の道」に目を移した。その道は「批判する人」と書かれた丸へとつながっており、その道を行く人物は希望を失っているように歩いている。

その後、その人物は「批判する人の落とし穴」に落ち、泥まみれになっている。

ジョゼフが私に抱いた印象はこの姿だったのでは？　肩が締めつけられるようだ。

もし、彼の印象が正しかったら？　私は慎重に言葉を切り出した。

「あなたは私のことを敗者や批判する人と考えているのですか？」

「きみが敗者だと思われているなら、このオフィスに来ることはなかっただろうね。どんな人でも『批判する人』になるときがある、私を含めてね。人間として当然のことだ。『選択の地図』は、より意識して自分自身や他者のことを観察するためのものだ。これがあれ

なにが起きたんだ？

自分のためにも
人のためにも、
私はなにを求めて
いるのだろう？

なにを学べるだろう？

なにができる？

私はどんな選択が
できるだろう？

今なにをするのが
ベストだろう？

学ぶ人

考え抜いた選択をする
解決志向型
Win-Winの関係

ここでスイッチ
（切り替え）

批判する人の落とし穴に
落ちないよう、
『学ぶ人の質問』
をしよう

彼らはなにを考え、
なにを感じ、なにを求めて
いるのだろう？

私に責任があるのだろうか？

私のどこが
いけないのだろう？

彼らのどこが
いけないのだろう？

批判する人の
落とし穴

批判する人

習慣的に反応する
責任追及型
Win-Loseの関係

図1

選択の地図

私たちは一瞬ごとに選択をしている

私はなにに対して
責任をもてばいい?

事実はどうなんだ?

選択

学ぶ
人の道

START

どんな瞬間にも
人に影響を与えるもの

思考 感情 環境

批判する
人の道

これはだれの
せいだろう?

反応

どうして失敗ばかりなんだろう?

どうして彼らはあんなに愚かなのか?

どうしてくよくよしてしまうのだろう?

ば、ある瞬間、どちらの道を進んでいるかがわかるんだ。人にレッテルを貼ったり、やりこめるためのものじゃないんだよ。

『選択の地図』とは、生涯を通じてより建設的だと思われる道を示し、より良い結果を生みだすためのセルフ・コーチングツールだと考えてほしい。

人生のどんな瞬間にも、われわれは『学ぶ人の道』と『批判する人の道』のあいだで選択をせまられる。

気づいているにしろいないにしろ、どんな瞬間にもわれわれは選択をしている。年月がたてば、われわれの選択の多くがルーティンや習慣となってくる。そのうちの一部は、選択していると気づかなくなるほど、日常の生活になじむものとなる。

たとえば、きみは会社に一番早く着けるという理由で、いつも同じルートを取っていたとする。その後、交通事情が変わり、それまでのルートでは倍の時間がかかるようになった。だがきみは新しいルートを見つけようとせず、元のルートを取りつづけている。

ある日だれかがもっといいルートを教えてくれても、道が混んでいるせいにして、元のルートを守ろうとするだろう。

どうすれば『学ぶ人の道』を行くのと『批判する人の道』を行くのをうまく切り替えられるのだろうか？

カギとなるのはわれわれの考え方なんだ。
『学ぶ人の考え方』を選べば、新しい可能性が見つかる。
『批判する人の考え方』にはまると、泥沼から抜け出せなくなる。
あるいは、生産性が低く快適でもない元のルートを取りつづけることになる。

たいてい、われわれは『学ぶ人の考え方』と『批判する人の考え方』とを行ったり来たりしている。

どちらを選ぶかは自分で決められるんだということに気づかないままでね。

われわれが経験することの多くは、それが真実であり、現実であり、論理的であるかのように見えている。経験していることを当たり前のことのようにやりすごす。

だが、自分自身の考えや感情を、それを表す言葉とともに、しっかり見つめられる意識をもてたとき、はじめて本当の選択ができる。

これが成功のカギだ――筋肉ではなく脳を鍛えるジムのようなものだ。

セルフ・コーチングは強い自己観察力がなければ不可能なんだ！

こんなふうに自分に問いかけるだけでいいんだよ。

『なにが起こっているんだ？』
『私は今どんな状況にいるんだ？』
『私は『批判する人』になっているのか、それとも『学ぶ人』になっているのか？』
『私はなにを求めているのだろう？』

選択は自分自身の思考、感情、行動を観察することから始まる。きみが考えているよりずっとシンプルだよ」

ほんの少し懐疑心が薄らぐのを感じながら、私はうなずいた。

「今からそれをテストしてみよう。ちょうどぴったりな問題がある。『あなたは私のことを敗者や批判する人と考えているのですか？』きみがそう尋ねたとき、いったいなにが起こっていたかを考えてみよう」

「いいですよ」と私は不安な思いを抱えつつ返した。

ジョゼフは「選択の地図」の左側にあるスタート地点を指しながら言った。

「きみが『学ぶ人の道』と『批判する人の道』の分岐点に立っていると考えてみてくれ。

次にこの人物の下に書いてある『どんな瞬間にも人に影響を与えるもの。思考、感情、環境』に注目してほしい。

なにか不愉快な環境にいる場合、たとえば、思いもよらない請求書が送られてきたり、つらい知らせを伝える電話がかかってきたり。あるいは、駐車場に停めていたきみの新車のフェンダーを、トラックが壊してしまったとか。こういうことはすべて『批判する人の落とし穴』の入口になったりする。人生にはいろいろあるからね」

そんなふうに軽く言える話じゃないだろうと、私は少しあきれていた。

ジョゼフが続けた。

「だが、うれしい感情をもたらす環境にいる場合もある。好きなチームが予想外に勝利したり、上司から昇進を告げられたり、妻からロマンティックなデートに誘われたり」

「もっとすごいことでもいいと思いますがね。で、話のポイントはなんですか？」

「ポイントはこういうことだ。

われわれのまわりではつねにいろいろなことが起きている。起きている出来事に対して選択できることは多くないが、起きていることをどう解釈するか、次になにをしようと決断するかは選択できる。

いい例がある。きみに初めて『選択の地図』を見せたときのことを考えてみよう。それを見ただけで、きみが考えたこと、感じたことは、まさに『批判する人の道』へ追い込むものだったね。そのとき、なにが起こったと思っていたんだい？」

私はあのとき頭をよぎった質問を思い出していた。

「ジョゼフは私を批判する人や敗者だと思っているのだろうか？」

「批判する人の落とし穴に落ち、泥沼にはまっている人のように思っているのだろうか？」

私はこう答えた。

「なにかに怒りを感じてしまっていました。かなり悪い考え方に陥っていましたね」

「ここで問題にしているのは、いいとか悪いとか、正しいとか間違っているとかじゃない。なにが起きたか、それに対してきみがなにをしたか、を観察しているだけなんだ。

それぞれの道の入口にあった小さな矢印を思いだしてごらん。『選択』と『反応』だ。なにかが起こった最初の瞬間に、きみは起こったことに『反応』し、ネガティブな批判する人の質問で自分自身を攻撃したんだよ」

「私は見込みのないケースなんでしょうか？」

弱々しい笑みを浮かべながら、私は訊いた。

ジョゼフはほほえみ返してくれた。

「ネガティブ・セルフクエスチョンのいい見本だよ。『批判する人の落とし穴』へ真っ逆さまだ」

「抜けだすにはどうすれば？」

「**自分の考え方を観察し、それから選択するんだ。**

実り多く満足のいく人生を送るためのカギは、『批判する人』と『学ぶ人』を見分ける能力をそなえることにあると私は信じている。

それこそがクエスチョン・シンキングの重要なポイントなんだ。

質問を変え、考え方を変える。考え方を変えて、結果を変える。

ほんの一瞬、一歩退いて、自分の人生を映した映画の観客になってみてはどうだろう。**反応で批判的な解釈をするのをやめ、そのときどんな気分なのか、どんな考え方をしているのか、どんな行動を取っているのかを見つめる。**

それに意識を向けることで、事態を受け入れる準備、変化への準備、行動の元となる考え方について『自分に選択権がある』と認識する準備ができる。

同時に、自分は操り人形で、その糸を他人やコントロール不可能な環境が操っているという感覚からも解放されることができる」

私はうなずいた。私にも思い至ることがあったからだ。

「技術面での問題に直面した際は、実行した計算や出した結論を照合確認（クロスチェック）し、見逃しがないことを確認するのにこの自己観察力に似たものを活用しています。

あなたが言いたいのは、『選択の地図』によって、自分自身をクロスチェックするための――つまりどんな気分や思考が自分の選択を形成しているのかを観察する――自己観察力を養う方法が見つかる。クロスチェックするのは数字だけでなく、自分自身やまわりの人間についてもだ。それによって軌道修正の能力が身につく、ということですね」

「まさにそのとおりだよ！　相手の名前を間違ってしまったとか、言ってはいけないことを言ってしまったという経験が、きみにもあるだろう。だれにだってあることだ。

そのミスに気づかせてくれるのが、自己観察力なんだ。それはもって生まれた能力で、だれでももっているものだ。

そして『選択の地図』を活用すれば、より大きな全体像に集中できる。この能力を養わないと、きみは自動操縦装置を動かして、事態にただ反応するだけになってしまう。

『選択の地図』によって、周囲の出来事や自分の感情に左右されるのではなく、明確な意図をもって意識的に選択する方法を身につけることができるんだ。

これは、目の前の仕事に意識を向け、自覚をもって、敏感に反応できるリーダーに不可欠な資質といえる」

ジョゼフは少し間をおき、急に笑顔を見せた。

「少し私の話を聞いてくれるかい。二、三カ月前、私は大手の建設会社の管理職のコーチング・セッションをしていたんだ。彼が会社での出来事を愚痴っては、他人のせいにするのを十五分間も聞いていたんだ。世界は大ばか者だらけだと、言いつづけていたよ。

私は、彼の批判的なおしゃべりに心底うんざりしていた。いいかげん、このオフィスから蹴り出してやりたい気分だったよ。『批判する人の質問』が、私の頭のなかを乱暴に駆け抜けていった。

『私はこんな男に付き合わされるようなことをしただろうか？』

『いったい自分を何様だと思っているんだ？』

だが、ふと自分がやっていることに気づいて、私は声をあげて笑いだしそうになった。

他人を批判している相手を、私は批判していたんだ。私も彼と同様、『批判する人の考え方』をしていたんだ。私自身が『批判する人』に乗っ取られていたんだよ」

自分自身に起きた話を、ジョゼフはいかにも楽しげに話していた。私はこう尋ねた。

「そこで、『選択の地図』はどんな働きをしたのですか？」

「最初はただ、なにかが変だということに気づくんだ。おそらく、緊張感や動揺、あるいはなんとなくうまくいかないなという感覚だろう。

それは自己観察力にスイッチが入り、意識が鋭敏になっているということだ。身体はもっとにぎやかなサインを送ってくる。頭の反応より先に起こることも多い。

突然、肩が耳のあたりまで上がっているのに気づいたりする。お腹がグーグー鳴りだしたり。そして、自分に問いかける。

『今の自分は批判する人になっていないだろうか？』

答がイエスだったら、また問いかける。

『これが私の望む状態だろうか？』

もちろん、今の話に関しては、答はノーだ。自分が『批判する人』になっているのに、そんな状態でどうやって相手を助けられるというのか。

『批判する人の立場』で人を助けることなどだれにもできない」

『批判する人の立場』で人を助けることなどだれにもできない。

「それなら損切りをして、さっさと引き上げたほうがよさそうだ」と私は提案してみた。

「とんでもない」とジョゼフが答えた。

「**自分が『批判する人』になっていると気づいたら、それこそがコントロールを取り戻し、個人の力を発揮するタイミングなんだ。**もちろん『批判する人』であることを認めないといけないが。

『批判する人』の立場で考えるか、『学ぶ人』の立場で考えるかを切り替える選択ができる。この切り替えの方法を示してくれる特別なタイプの質問がある。**私はそれを『スイッチング・クエスチョン』と呼んでいる。**

その日のスイッチング・クエスチョンはこうだ。

『彼についてほかの考え方ができないだろうか？』

『彼はなにを必要としているのだろう？』

その質問のおかげで、彼のことを価値のない人間だと考えたりせず、むしろ彼に興味をもつようになった。『選択の地図』は、自己観察の全プロセスをシンプルなものにしてくれるんだ。ほかにも多くの選択肢があることに気づき、プレッシャーがかかる状況でも、もっと賢明な選択ができるようになる。

事態がうまくいっているときの選択は容易だ。試されているのは、プレッシャーがかかる状況でなにができるかだ」

ジョゼフの言葉のなにかがきっかけとなって、私は空港での妻との不愉快な時間を思いだしていた。

「衝突が起きるときはいつだって、『批判する人』が現れるような気がします。つまり、結局は両者がともに『批判する人』になってしまう。よくあることではないですか?」

「まさにそうだね。両者とも『批判する人』になってしまうと、すべてがエスカレートして、よい解決策が生まれる可能性は急ブレーキをかけて停止してしまう。そこで、百万ドルの価値があるヒントをきみに教えよう。

『二人の人間が衝突しているときは、自分が批判する人になっていると先に気づいたほうが、事態を好転させられる』」

二人の人間が衝突しているときは、自分が批判する人になっていると先に気づいたほうが、事態を好転させられる。

それだ、と思った。グレースはけんかをしたあとでも、一瞬のうちに意地を張るのをやめ、心を開いてくることが多い。彼女のこの切り替え能力のおかげで、いつも大事に至らずにすんでいた。

グレースはこれを無意識にやっているのだろうか、それともなにか秘訣があるのだろうか、と何度も考えたことがある。彼女に尋ねたこともある。彼女はこう返した。

「ただ深呼吸をして、大局的にものごとを見るようにしているの。**つまり、自分が正しいと証明するよりも、二人の関係を維持するほうが大事だということを忘れないでいるのよ**」

ジョゼフのテクニックを使えば、選択によってグレースのような切り替えを行えるようになるはずだ。そうなれば、職場での敵であるチャールズとの勝負で優位に立つことができるだろう。私は慎重にジョゼフに告げた。

「試してみようと思います。なにから始めればいいですか？」

「まずは身体の感覚に気づくところから始めよう。ときには非常に微細なものもある。あごや肩が少し締まっているように感じるとか、いわゆる虫の知らせを感じるとか」

「ああ、(怒りで)逆毛が立つことがあります。あなたなら防御態勢と呼ぶでしょうね」

「その身体の感覚は、自身の状態に気づくヒントになる。そのタイミングで、『自分は批判する人になっている？』と気づくことができるのだ。

われわれは『学ぶ人』の状態で行動してこそ大きな効果が得られるし、満足感も得られる。もっとも臨機応変にものごとに対応でき、失敗しても立ち直りが早く、状況に順応でき、多くの選択肢をもてるのが『学ぶ人』でいるタイミングだ。

とはいえ、ときには『批判する人の道』を進むことがあっても心配はいらない。**それが人間だ。だれもが経験することだ。**ここ数年、マインドセット・プラクティスを実践している私でさえ、今でも一日に数回は『批判する人の道』を進んでいたりする。

だが少なくとも今は、自分を突き放して見つめることで、ひとりでに『批判する人の道』を行ってしまうことはない。

きみも自己観察力を鍛えれば、質問を切り替え、『学ぶ人』に戻ることがどんどんたやすくなるだろう。そうなれば事態は好転し、きみが求めている結果が得られるようになる」

「ずいぶん簡単そうに言いますね」

「きみが考えているより簡単だよ。なぜなら、必要なものはすでにそなわっているんだ。スイッチング・クエスチョンを継続的に行えば、回復力のある(レジリエントな)自己観察力と、強健な『学ぶ人の考え方』を確立できる。きみは自分のなかの『批判する人』を排除し、それがもたらす混乱を払拭する能力を身につけられる。


スイッチング・クエスチョンを継続的に行えば、回復力のある(レジリエントな)自己観察力と強健な『学ぶ人の考え方』を確立できる。


自分が『批判する人』になっていることに気づくシグナルの存在については、異論を差し挟むのが難しい。なぜなら、それはきみの身体の反応や気分だからだ。

私と建設会社の管理職の男性とのあいだに起きたことを思いだしてほしい。

私が『批判する人』だったことを示すヒントは、私自身の気分や態度に表れていた。それは『批判する人』と関連していると学んだもの――ひとりよがり、傲慢、怒り、保身といった気分や態度だ。たとえば、『うんざりした』『オフィスから蹴り出してやりたい気分』など、私がたしかにその男性に示していたものだ。

ネガティブな気分になったときはいつだって『批判する人』の質問をしたり態度をとったりしている。だが私がいったん自分の状態を観察し、自分の質問を切り替えることができれば、簡単に事態を好転させ、まったく違った結果を得られるようになるんだ」

彼は少し間をおき、その後こう言った。

「ひとつ、実験をしてみよう。これから私が二種類の質問をしてみる。私がやるように、それぞれの質問がきみにどんな影響を与えたかに意識を向けてほしい。自分の呼吸や筋肉、姿勢、身体の各部位がどう感じているかに注意を払って」

ジョゼフは立ち上がって、「選択の地図」のほうへ歩いて行った。

「次の質問を自分に問いかけてごらん」

□私のなにがいけないのだろう?
□だれのせいだろう?
□どうしてこんなに失敗ばかりするのだろう?

□どうして正しいことができないのだろう？
□どうして彼らは愚かで期待に背いてばかりいるのだろう？
□私たちはすでにそこに到達しているだろうか、それをやり遂げただろうか？
□どうしてくよくよしてしまうのだろう？

ジョゼフがこれらの質問（図2参照）を投げかけてくるあいだ、私は胸が締めつけられるようだった。肩が凝ってくる。大事な試合の最終イニングに登場する新人投手のように、緊張で身が縮こまった。私はぎこちない笑い声をあげた。

「たしかに身体のあちこちで緊張を感じますね」

「OK。どう感じたかを言葉で表現するとどうなる？」

私は肩をすくめた。

「正直なところ、『批判する人の落とし穴』に落ちた男性の気分ですよ」

どう感じたかを説明する言葉を探して、私は奮闘していた。ようやく、言葉を思いついた。絶望、困惑、悲観、否定、消耗、意気消沈、緊張、犠牲、敗者……。ジョゼフが私に起こったすべてを話せと要求しなかったことにほっとしていた。

「さあ、ほんの少し時間を取って呼吸を整え、今きみに起こっていることをなんでも観察

図2

学ぶ人／批判する人の質問

批判する人の質問

- □ 私のなにがいけないのだろう?
- □ だれのせいだろう?
- □ どうすれば自分が正しいと
証明できるだろう?
- □ どうして彼らは愚かで
期待に背いてばかりいるのだろう?
- □ 私たちはすでにそこに
到達しているだろうか、
それをやり遂げただろうか?
- □ どうしてくよくよしてしまうのだろう?

学ぶ人の質問

- □ 私自身の価値はどこにあるだろう?
- □ 私はなにに対して責任をもてばいい?
- □ これにはなにが役立つだろう?
- □ 私はなにを学べるだろう?
- □ 彼らはなにを考え、なにを感じ、なにを求めているのだろう?
- □ 前進するのにベストな道はなんだろう?
- □ なにができるかな?

してみよう。自分が、このオフィスに座って自分自身を見つめる観察者だと想像してごらん。同時に、なんらかの感情や感覚が変化しはじめたら、それに意識を向けて」

私はジョゼフの言うとおりにした。最初のうち、変化はごくわずかだった。このネガティブな感覚は遠ざかっていくようだった。

私はうなずき「いい感じです」と答えた。

「**それがセルフ・コーチングの力であり、このプロセスにおける自己観察力の役割なんだ。**のちのち、自己観察力を強化するツールについてもっと探っていこう。きみが行きづまった質問に照準を合わせることができるし、『学ぶ人』の領域に入って行くための新しい質問の作り方も学べるだろう。

これはリーダーになるための土台ともいえる。チームが成功するか否かはリーダーの心の持ちように大きくかかってくるからね。私の友人は、うまい言葉で言い表していたよ。『あなたが質問を支配するのか、質問があなたを支配するのか』」

あなたが質問を支配するのか、質問があなたを支配するのか。

ジョゼフは何かを考えているのか、あごをなでながら部屋のなかをゆっくり歩きまわっていた。ようやく彼は足を止め、私に顔を向けた。

「もう『批判する人の道』を出て行ってはどうだろう。もう一度、きみが自分のなかにいるだれかに問いかけるように、次の質問を聞いてごらん」

□なにが起こったんだ？
□私はなにを求めているのだろう？
□これにはなにが役立つだろう？
□私はなにを学べるだろう？
□相手はなにを考え、なにを感じ、なにを求めているのだろう？
□私はどんな選択ができるだろう？
□今なにをするのがベストだろう？
□なにができるかな？

これらの質問で、私は静かな興奮を覚えた。「批判する人」の質問で味わったものとはまったく別の感覚だ。

呼吸がずいぶんゆるやかになっていた。気分もぐっと明るくなった。突然エネルギーが湧いてきたようだった。

最初の質問ではたしかに感じることのなかった意欲や心の開放感に気づいた。肩はゆるんでいた。

なんということだ。ここしばらく、こんな心の静けさなんて感じたことがなかった。

私は自分の気分がこうもすばやく変化したことに驚いていた。

ジョゼフが尋ねた。

「今きみが体験しているものをどんな言葉で言い表すかな?」

私はゆっくりと深呼吸をしてこう答えた。

「今朝感じていたものよりはるかに希望に満ちた感覚です……おそらくこれこそが私の抱えていた問題への答なのでしょう」

「いいね。その感覚こそが、きみが『学ぶ人の考え方』に入ったサインだよ。きみは今『学ぶ人の道』にいるんだ」

私は安堵のため息を吐いた。ジョゼフの言ったことをすべて納得したわけではないが、このコーチングに意味があったのはたしかだろう。

私が長い間抱えていた感情よりも、ずっと希望に満ちた気分であることは認めざるをえない。

だが、これで彼がアレクサの考えているようなすごい人物だといえるだろうか？

彼の名刺には大きなクエスチョンマークが描かれているものの、おそらく彼は私に大きな変化をもたらすようなツールをもっているのだろう。

まとめ 第3章

- だれでも、いつでも「学ぶ人の道」と「批判する人の道」のあいだで、選択を迫られている。
- 自分になにが起きるかは必ずしも選択できないが、起きていることに対して自分がなにをするかは選択できる。
- 自分のしている質問が「学ぶ人」か「批判する人」か、つねに考える習慣をつける。

第4章

だれだって「批判する人」に戻ってしまう

感情にとらわれることと、自分が感情に流されていることに気づくことの間には決定的な違いがある。「汝自身を知れ」というソクラテスの箴言は、EQの要である「現在進行中の自己の心的状態を認識する」ことを指している。

ダニエル・ゴールマン

私たちは少し休憩をとり、ジョゼフはオフィスに隣接された簡易キッチンでコーヒーを淹れてくれていた。そのあいだに私は電話が入っていないかを確認した。

グレースからのボイスメッセージが入っていた。若いアシスタントのジェニファーがまたもや仕事でミスをしでかしたらしい。「気晴らしをしたいの。折り返し電話をもらえる?」とグレースは言っていた。私はメッセージを切った。

どうしてグレースは私の仕事中に厄介事を持ち込むのか? 自分のことは自分でなんとかできないのだろうか? 彼女は自分の問題を私の優先順位のトップにするべきだと考えているのか? あごと肩が締めつけられるようだった。

ちょうどそのとき、ジョゼフが二つのコーヒーカップを載せたトレイを持って戻ってきた。カップを受け取り、軽く気分転換ができてほっとしていた。

ジョゼフは建設会社の管理職の男性との話を再開した。

「私はあの日クライアントとの突破口を見つけたんだ。私が『批判する人』に乗っ取られていたことに気づいた直後のことだよ」

「ちょっと待ってください」

私は口をはさんだ。

「『批判する人』に乗っ取られて——あなたはさっきもその言葉を使いましたよね。『批判する人に乗っ取られる』ってどういうことですか？」

「人をいら立たせるような、そんなきっかけとなるなにかが起こった場合を指す言葉だ。たいてい、周囲の人間かなんらかの状況がそのきっかけとなる。きみはあくまでも善意でなにか事に当たっているとする。

ところが突然、身体に緊張感がみなぎり、『批判する人』になってしまう。すぐに、なにも耳に入らなくなり、どんどん守りの態勢に入っていったり、叫びながら部屋から飛びだしていきたくなる」

「その感情、わかります。わかり過ぎるほどです。でも、それは普通のことなのですか？」

「もちろん、普通のことだ。けれどもなにかを達成したいと思うなら、大事なのは『批判する人』から復活し、ふたたび集中して、考える脳が主導権を握るためのツールを持つことだ。**つまり、『学ぶ人』への切り替え（スイッチング）だ。**

それができれば、視界は一変し、ぐっと開けてくる。それが『批判する人による乗っ取り』から復活する方法だ」

その答えには納得したものの、一つの疑問が浮かびジョゼフに尋ねた。

「管理職の男性のケースではうまくいったのですか？　彼にそれができたのですか？」

その時点で、自分自身にも同じ質問をしていることにも気づいていた。

私にはできていたのだろうか？

管理職の男性との話を聞いていると、なんだか落ち着かない気分になってくる。

「ああ、もちろん。最後にはできるようになっていたよ。彼は最後におもしろい言葉を残してくれた。

『批判する人の行動計画(アジェンダ)では無駄な経費が途方もなく膨らんでしまう。そして、未来は単なる過去のリサイクル・バージョンになってしまう。だが、学ぶ人のプログラムを導入すると、電源が入り、一気に電気が流れ出す。こうして、自分自身の新たな未来がひらけるんですね』と」


『批判する人の行動計画(アジェンダ)』では、無駄な経費が途方もなく膨らんでしまい、未来は単なる過去のリサイクル・バージョンになってしまう。だが、『学ぶ人のプログラム』を導入すると、電源が入り、一気に電気が流れ出す。こうして、自分自身の新たな未来がひらける。

にわかに、私を落ち着かない気分にさせていたものの正体がわかった気がした。管理職の男性のケースは、そのまま私にも当てはまったのだろう。

「あなたの話では、批判はどんなものでも悪いように聞こえます」と私は自分の解釈を披露した。そしてこう続けた。

「私の考えは違います。私の仕事は批判を避けていては成り立ちません……私は適切な批判をしてきたという自負があります。技術的な選択をしたり、納入業者を選んだり、最適な人材を配置したりする場合には、批判も必要なんです」

「たしかに、きみは重要なポイントを指摘しているね。批判をするとは、事態をとことん検討し、情報に基づく選択をすることだ。私はこれを識別力と呼んでいるが、きみのような仕事には欠かせないものだ。

ただ、私が話しているのはそういう意味での批判ではなく、『批判的になる』ということだ。つまりあら探しをしたり、難癖をつけたり、ネガティブなことをくよくよと考えたりすることなんだ。

覚えておいてほしいのだが、『批判する人』とは『批判的な人』のことだ。批判的になることと、適切な批判をすることは、まったく別ものだ。

はっきり言うと、『批判する人の考え方』は適切な批判の敵ともいえる。

批判的になっていると、脳の活動が急に激しくなり、身体の大きな筋肉が戦闘や逃走の準備をしだす。場合によっては、身体がすくむこともある。脳が一時停止し、なにも考えられなくなる。典型的な闘争・逃走反応で、すべてのエネルギーは逃走あるいは懸命な戦いに向かうか、遮断されて断念もしくは敗北という結果を招く。

いずれも人間のサバイバル反応のバリエーションだ。

適切な批判は、これとは正反対の行為だ。『批判』と『批判的』は似た言葉だが、辞書を見ると、『批判的』とは〝自分自身や他人を攻撃すること〟と定義されている。適切な批判とはまったく異なるものだ」

『批判する人の考え方』は適切な批判の敵である。

「なるほど。『批判する人』はどんなときでも『批判的』なんですね」と私は言った。

「そのとおり」ジョゼフはそう言うと、コーヒーを一口飲んだ。

「『批判する人』はどんなときも『批判的』なんだ。しかも、『批判する人』は二つの顔をもっている。自分自身に批判的か他者に批判的か。ときには両方の場合もある」

私はジョゼフの言葉を吸収しようと黙り込んだ。

ジョゼフはそれを私に当てはめようとしているのか？

たしかに私はグレースのボイスメッセージを聞いたとき、批判的になっていた。まぎれもなく「批判する人」になっていた。とはいえ、私の仕事中にジェニファーの件で電話してくるグレースだって、ベストな判断をしたとはいえない。

私はグレースについても批判的になっているのだろうか？

ジョゼフは椅子に深々と身を沈め、こう私に尋ねた。

「今、どんなことが頭のなかを駆けめぐっているのかな？」

私はためらいがちにこう切り出した。

「このところ、私は『批判する人』になっている時間が多かったなと感じていて。けれども、たとえばチャールズのような人物の相手をしなければならないとき、どうすれば『批判する人の道』を行かずにすむのでしょう？　チャールズはチームが抱える問題やチームが出した悲惨な結果の大本なんです。彼のせいで私はおかしくなっているんです」

ここまで話すと、それ以上はなにも話したくなくて、私は口を固く閉じた。自分のことを重度の「批判する人」だなどと思いたくなかった。はっきり言って、私はこの「批判する人」的な資質に腹が立ってきていた。

問題が山積しているなかで、どうやって「学ぶ人の道」にとどまっていられるというのか。

私の頭のなかが読めているかのように、ジョゼフはこう語った。

「思いだしてほしい、**『批判する人』に陥ってしまうのは、人間らしさの一部だよ**。とくに物事がうまくいっていないときはね。『批判する人』はつねにきみの一部だ。だれでもそうなりがちだ。言うならば、われわれはみな『批判する人』に戻ってしまうんだ。

目指すのは、『批判する人』と新たな関係を築くこと。『学ぶ人の関係』と言ってもいい。間違いなく『批判する人』の反応には若干の中毒性があり、いとも簡単に『批判する人』の意見に取り憑いてくる。

『批判する人』にどっぷりつかってしまうと、それがどんどん習慣化し、やがて乗っ取られてしまう。自分のなかから『批判する人』を完全に追い払うことはできないけれど、その扱い方、受け入れ方、共存のしかたは学ぶことができる。

それを習得すれば、まったく新しい生き方が手に入る。気づき、関与、思いやり、勇気、寛容、受け入れ、それにユーモア……。それが自分を取り戻し、『学ぶ人の道』へと軌道修正するために必要なものだ。

要は、どんな瞬間にも『批判する人』を受け入れ、『学ぶ人』になろうとすることだ。その努力は『学ぶ人の道』に入り、そこにとどまるためのものじゃない。たとえ『批判する人』に乗っ取られても、いかにすばやくそこから復帰するためのものだ。

私が管理職の男性のクライアントとのケースを、刺激があっておもしろかったと思っているのはそのせいだよ。たしかに、私は『批判する人』に乗っ取られたが、それに気づいた瞬間、自分自身を救い出し、『学ぶ人の道』に戻ることができたんだ。**いかにすばやく『批判する人』に気づき、どれだけ簡単に戻ってこられるか。**ときには、それを確認するのが楽しくてしかたがない時もある」

どんな瞬間にも『批判する人』を受け入れ、『学ぶ人』を実践することだ。

「隠さずに言うなら」とジョゼフは笑みを見せつつ、こう続けた。

「私は一時間に数回『批判する人』になることもあるんだ」

「そんなの信じられません！ とびきり上手に隠しているんですね」

「隠すか隠さないかではない。いつも言っているんだがね。『批判する人』を否定すれば、

『批判する人』は何倍にもふくれあがる。否定すれば、よけいに大きく育ってしまうんだよ。隠すよりもむしろ、『批判する人』と親しい関係を築こうとがんばる。まずは受け入れることからだ。真に受け入れるとは、人や状況を許容するのとはまったく違う。そうそう、ユーザーガイドには、『批判する人』と仲よくするためのツールがあるよ」

「つまり、自分のなかの『批判する人』を受け入れ、うまく付き合っていくってことですね。それが『批判する人』と親しい関係を築くってことでしょう?」

「付け加えるなら、『批判する人』になっている相手を受け入れられれば、その相手を変えられることも多いんだ」

彼はこういう提案をして私を試しているんだな、と心のなかで思った。私に「批判する人」になっている自分を受け入れるよう求めている。それはチャールズに対して「批判する人」になっている自分を受け入れろということだろうか?

私は先週グレースのいとこを夕食に招いたときのことを思い出していた。彼はきわめて個人的な話をしてくれた。アルコール依存症と闘っていたのだ。

状況はどんどん深刻化し、彼はとうとうアルコール依存症更生会に参加しはじめた。ありがたいことに、今ではかなり回復している。いとこによると、本当に助けになったのはニーバーの祈りだったという。

その祈りとは、

〝神よ、変えることのできないものについてはそれを受け入れるだけの平静さを、変えることのできるものについてはそれを変えるだけの勇気を、そしてこの両者を識別することのできる知恵を与え給え〟。

だった。

ジョゼフが言ったのは、私には「批判する人の考え方」をもつことは変えられないが、人との付き合い方を含め、それに関わる私の行動は変えられるということだろうか？

永遠に「批判する人」と付き合わなければばならないと思うと、あまりいい気分ではない。一方で、少なくともほかの人たちにくらべて、これ以上悪化することはないという意味でもある。ジョゼフが問いかけてくる声が聞こえた。

「チャールズについてもう少し教えてくれないかい？」

「彼は私が率いるプロジェクトチームのサブリーダーなんです」と答えつつ、いらだちが表に出ていないといいのだがと思った。

「だけど、彼は私の言うことにいちいち異議を唱えるんです。まあ、私に不満をもつのも無理はないんです。私にポジションを奪われたから、それに腹を立てているんですよ。私が彼の立場でも、きっとそうなるでしょう。彼は人の意見に耳を貸さず、ちょっとしたことに難癖をつけたがるつまらないやつです。やたらと質問してきて、まるで次から次へと邪魔を入れようとしているようだ。要するに、彼はしきりに私を妨害したがっているんです。そして、それに成功している、といえるでしょう」

「チャールズのことを考えるとき、最初に頭に浮かぶ質問はどういうものかな？」

思わず笑いがこみ上げてきた。

「そりゃ、簡単です。『こいつが私を打ちのめす前に、どうやってこの男を鎖でつなごうか？』ですね」

「ほかには？」とジョゼフは尋ねた。

「たくさんありますよ。

『どうすれば主導権を握り続けられるだろう？』

『私はこのチームのリーダーだとは思われていないのかな？』

『どうすればこの男に問題を解決させられるのだろう？』」

「それから？」

「そうですね。

『どうしてこんな厄介な状態に陥ったのだろう?』

『どうして自分にもリーダーがやれると思ってしまったのだろう?』」

私は少し間をおき、こう断言した。

「よく聞いてください。あなたは私が変わるべきだと考えているようですが、それと同じくらいチャールズも変わるべきなんです」

ジョゼフは言った。

「チャールズについてきみが言ったことは、おそらく事実だろう。**だけどね、今このオフィスにいるのはきみだ。変化はね、変化を起こしたいと思う人にまず起こるんだよ**」

なんだか出鼻をくじかれた思いだ。私は椅子に深く腰かけ、深呼吸をした。

「私になにをしろと言うんです? 彼はことあるごとに私に反発してくる。その事実を無視しろとでも?」

言葉にしつつ私はだんだんむかついてきた。

「チャールズの行動とそれに対する私の反応を切り離すなんて、ぜったい無理だ」

「ああ、そうだね。だが、そこがこの考えのいいところなんだ。彼の行動ときみの反応を切り離すことが、きみにはできる。彼以外のだれの行動に対してもね。

そうしないかぎり、きみは自分の力を無駄にしつづけることになる。ただの操り人形のままだ。きみの糸を操ることはだれにでもできる、きみのなかの『批判する人』を乗っ取ることができるんだ。きみが『批判する人』を支配するか、『批判する人』がきみを支配するか、そういう問題なんだ」

あなたが『批判する人』を支配するか、『批判する人』があなたを支配するか。

「それには同意できないですね、いやまったく逆の意見だ」と言いながら、はらわたが煮えくりかえっていた。

「チャールズとの状況について違う見方をするなんて、私にはできると思えません」

「それは質問かね？」

ジョゼフが尋ねた。

「どういう意味です？」

「今の言葉を質問の形に変えてごらん」

「こういうことですか、『別の見方ができないだろうか？』」

驚いたことに、この質問を自分に投げかけたとたん、自分のなかで小さな変化が起きるのを感じた。それまで息を止めていたことにも気づかなかったのだが自由に息ができるようになり、肩はリラックスしていた。おそらくジョゼフもそれに気づいたのだろう。

「そのとおり。気がついたかな？　今、きみは『学ぶ人』に切り替わったんだよ。こんなにすばやくね。

さて、私の答だ。チャールズが、あるいはほかのだれかがなにをしようと、『選択の地図』やきみが覚えた身体からのメッセージを利用すれば、いつ自分が『批判する人』に陥ったかがわかる。きみにはこんなメッセージが聞こえただろう。

問題は人生でなにが起きるかではない。大事なのは、きみが次になにをするかだ。『選択の地図』は思いださせてくれるんだ、一歩退いて自分が今どこにいるかを観察しなさいと。そうすれば、次になにをすべきかといった選択ができるようになる。

しばし自分の出演する映画を見るように、きみは自己観察力を使う。

やがて、チャールズの行動とそれに対してきみが選んだ行動との違いがわかるようになる。きみは、私の大好きなスイッチング・クエスチョンを自分に問いかけるんだ。

『この瞬間、私はどちらになることを選ぶのか？』」

私はジョゼフの教えを理解しようと努めた。簡単ではなかった。

「批判する人の質問」が、まだ私の頭のなかを走り抜けており、身体もそれを感じている。チャールズの問題となると、どうやら「批判する人」が私を捉えるらしい。結婚生活にも、それは当てはまるのかもしれない。

「選択の地図」の左側のスタート地点を指で指しながら、ジョゼフが言った。

「少しのあいだ、この分岐点に立つ人物に戻ってみよう。

思い出してほしい、この人物はなにか問題にぶつかり、それに対処しなければならない状況にいるときのわれわれを表している。それは外的な環境かもしれないし、自分自身が考えていること、感じていることかもしれない。

この人物は途方に暮れている。どういう状況であろうと重要なのは、**われわれにはどう反応するかについて自分に選択権があるのを思いだすことだ。**

どんな選択肢があるか、わかるかね？」

「ただ習慣的に反応して、『批判する人』に陥ることもできます。あるいは、立ち止まって自分の気分や身体の感覚を確認し、自分がどんな質問をしているかに注目して、『学ぶ人』になろうとすることもできます。

私たちは選ぶことができる……そう、まさに選択権があるのです」

頭のなかで花火が上がった。私にはまさしく選択権がある。望めば、「学ぶ人」を選ぶこともできる。ひょっとすると、ジョゼフのメソッドは、私が仕事で出す結果に大きな違いをもたらしてくれるかもしれない。

私は慎重に話しだした。

「おそらく、『批判する人』と『学ぶ人』の区別は、私が思っていたほど難しくはないのでしょう」

ジョゼフは大きく手をたたいた。

「そう、そう、そのとおりだよ！ **自分の思考や感覚を観察し、『学ぶ人』と『批判する人』の違いを理解できたら、セルフ・コーチングの領域に入ったことになる。**つまり、選択のパワーをしっかりつかんだんだ。**われわれが人間であることの本質はね、選択ができるだけでなく、新しい選択肢を作りだせることにあるんだよ。**

きみは飲み込みが早い。アレクサが高く評価している理由が、またひとつわかったよ」

ジョゼフは腕時計に目をやった。

「けっこう長く話していたね。今日はこのへんにしておこう」

ジョゼフはデスクの引き出しを開け、「選択の地図」のコピーを数枚取り出した。

「これを持って帰りなさい」と言いながら、ジョゼフはコピーを私に手渡した。

「オフィスに戻ったら、この『選択の地図』をじっくり見なおしてほしい。それから、家にも一枚持って帰って冷蔵庫に貼っておくんだ」

私は心のなかでうなった。グレースにどう説明したらいいんだ？　彼女はきっとこの「選択の地図」をどこで手に入れたのか、どうして冷蔵庫に貼っているのか、知りたがるにちがいない。

「この地図は『学ぶ人』と『批判する人』の基本的な違いを示している。結局のところ、メッセージはすごくシンプルだ。質問を変えることで、結果を変える。これは、『批判する人』に戻ってしまった人向けの、コアとなる自己管理（セルフ・マネジメント）ノウハウだ。しかも、だれにでも適用できる。だれだって『批判する人』に戻ってしまうのだからね」

質問が変われば、結果が変わる。

オフィスのドアのところでジョゼフが足を止め、私のほうを向いた。

彼の肩ごしに〝クエスチョン・シンキングの殿堂〟と書かれた壁を見ると、そこにアレクサの写真があった。彼女がなんらかの賞を受けたことを紹介する一流雑誌の記事から取ったもののようだ。

恥ずかしい話だが、私はそれまでその記事のことも彼女の受賞のことも知らなかった。アレクサとの付き合いの長さを考えると、知っていて当然だったのに。

「では、また次回」

ジョゼフはそう言うと、私と温かい握手を交わした。

私は頭がクラクラしていた。人生のすべてがひっくり返ろうとしている。なにより私が戸惑ったのは、ここ何年間かで一番心が軽く、楽観的になっていることだ。

アレクサの言ったことは正しかった。このジョゼフという人物は、とても刺激的なやり方で、人生に変化をもたらす方法に目を向けさせてくれた。

ひょっとするとジョゼフのコーチングによって、キャリアを失わずにすむ答――あるいは新たな質問――を見つけだせるかもしれない。私はそう思いはじめていた。

まとめ 第4章

- 「批判する人」とは「批判的な人」のこと。批判的とは、自分自身や他人を、攻撃することである。
- 「批判する人」は二つの顔をもつ。自分自身に批判的か、他人に批判的か。ときには両方の場合もある。
- 「批判する人」は人間らしさの一部。「批判する人」を受け入れ、「学ぶ人」になろうとすることが大切。

第 5 章

「学ぶ人の道」を行くと未来がひらける

自らの冒険に心からイエスと言えるかどうか、それが大きな問題だ

ジョゼフ・キャンベル

私が昨夜のうちに冷蔵庫に貼り付けた「選択の地図」にグレースが気づいたのは、朝早くのことだった。いつもどおり、私は淹れ立てのコーヒーの香りで目を覚まし、階下のキッチンへ降りていった。

グレースはいつも先に起きている。彼女は毎朝やる気に満ちた状態で新たな一日を迎えるタイプだ。私はその逆で、妻に言わせると、午前中の私はまるで冬眠から目覚めた熊のようらしい。そこまでひどいとは思わないが、楽しい気分で一日を始めるタイプではない。

キッチンに行くと、グレースが私に背を向けて冷蔵庫の前に立っていた。「選択の地図」を一心に見ているようだ。

そのとたん、彼女がなんと言うか気になった。きっと根ほり葉ほりきかれ、すべてを話さなくてはならないだろう。職場のトラブルや、それ以外のこともすべてを。そこからどうやって私がこの「選択の地図」を手に入れ、それを冷蔵庫のドアに貼るに至ったかという話になるだろう。そうなれば、なぜアレクサが私をジョゼフのもとへ行かせたかという話になるかもしれない。

なんとか話さないですむ方法はないものかと考えていると、グレースが突然振り返り、私に抱きついてきた。

「これをどこで手に入れたの？　素晴らしいわ！」

彼女は「選択の地図」を冷蔵庫のドアからはずし、ヒラヒラと振りはじめた。

私は職場のスペシャル・トレーニングのビラだとかなんとか、ぶつぶつつぶやいた。そして自分のカップにコーヒーを注ぎ、グレースにも注いだ。

「驚いたわ。私がこれを見て学んだことを聞いてほしいの。アシスタントのジェニファーについてメッセージを残したこと、覚えてる？　私はここのところ、彼女に相当つらく当たっていたんだと思う。私が彼女に近づくと、身をすくめているのがわかるもの。

この地図を見てわかったわ。私はジェニファーに対して『批判する人』になっていたのよ、ここに書いてあるみたいに。そして、いつもピリピリさせていた。

彼女はしょっちゅうミスをするんだけど、これを見て思ったの、私がその原因の一部じゃないかって。要するに、上司が最悪の事態ばかり予想している状況で、最高の仕事ができる部下なんていないのよ」

「問題は、きみがどんなタイプの質問をしているかってことだよ」

そんな言葉が思わず私の口をついて出た。自分でも意外だった。

「どんな質問？　ジェニファーとは、まだそんなところまで行ってないわ」

「この地図をくれたジョゼフによると……」

グレースが口をはさんだ。

「待って。ジョゼフってだれ？」

私は本当のことを話すべきかどうか考えながら、しばらくぼんやりと妻を見つめていた。

そして、ごくシンプルに事を進めることにした。

「アレクサが雇っているコンサルタントだ。

彼が言うには、**人はたいてい無意識のうちに、心のなかで自分自身や他人に質問をしている。『選択の地図』はそれを教えてくれているんだ。**ここに書いてある質問を注意深く見なさいと。なぜなら、**心のなかの質問がその人の考え方、感じ方、行動に影響し、さらには他人がどう反応するかにも影響するからだ**」

わけがわからないといった表情を見せる妻に近寄り、私は分岐点に立つ人物を指さした。

「ここにそのカギがあるよ」

人物の下にある「思考・感情・環境」の文字を指しながら、私は言った。

「なにかが自分の身に起きる――そのとき、人は質問を始める。自分が質問をしていることに気づくのが早ければ早いほうがいい。選択肢が増えていくから」

今の言葉は本当に自分が話しているのだろうか？　われながらよくジョゼフの教えを覚えているな、と驚いた。

「私が注目したのは、この二つの道よ」

一方の道を指でたどり、もう一方の道も同じようにたどりながら、グレースが言った。
「『学ぶ人の道』を進めば、正しい方向へ進める。見て、この人の言葉。

『私はなにを求めているのだろう？』
『私はどんな選択ができるだろう？』
『なにを学べるだろう？』

あなたの言ったとおりね、全部質問だわ。
一方、『批判する人の道』を進んだ人は、まったく別の質問をしてるわ。

『これはだれのせいだろう？』
『彼らのどこがいけないのだろう？』

ねえ、ベン。オフィスでね、画鋲が落ちたり、だれかのため息が聞こえたりするたびに、私の頭にまずこんな言葉が浮かぶの。
『もういったいどうなってるの？』『ジェニファーはまたどんなへまをしでかすのかし

ら？』ってね。

それから間髪をいれず、私は彼女に怒っているわ。ベン、彼女、昨日なんてなにをしでかしたと思う？　彼女ったらね……ああ、いけない。こうやって『批判する人』の領域へ引き込まれるのね？」

「どんな瞬間にもね」と私は説明を始めた。

「いろいろなことが起こるものだよ。いいことも悪いことも。そして気づかぬうちにぼくたちは、出来事に影響を受けている。そのとき、『批判する人』になりがちな強い傾向をもっていれば、質問もそうしたパターンのものになる。『学ぶ人』でいられれば、そのパターンの質問をする」

「行動は思考によって決まる。それは基本原則よね。でも質問について、そんなふうに考えたことはないわ。**行動は質問によって決まる。**コツはただ『学ぶ人』の心持ちでいるってことかしら？」

「ジョゼフによると、ずっと『学ぶ人』でいられる人なんていないそうだよ。ときどき『批判する人』になってしまうのは自然なことなんだ。事実、人はつねに両方を行ったり来たりしている。それが人間なんだよ」

そんな言葉を口にしながらも、私はグレースを空港に送った日の口論について考えていた。彼女に取った態度を思いだすと、いまだになんだかばつが悪い。グレースにすべてを話す心の準備はできていなかったが、ともかくその一部を話す勇気を奮い起こした。

「人はいとも簡単に『批判する人』に陥る。たとえば先日、ぼくは車の流れに乗ろうとして、制限速度の二倍のスピードで走ってきたタクシーとぶつかりそうになった。その瞬間、ぼくは『批判する人』になってしまった。まるで稲妻のようだった。そのくらいあっという間の、まさに一瞬のことだった。ぼくは、すぐにでも相手を殴ってしまいそうだった」

「ときどきほんとにあなたのことが心配になるわ」

グレースが首を振りながら言った。

肩に力が入り、私は自分が防御態勢に入っているのを感じた。事故を起こしたことはなかったが、グレースが私の運転の癖をよく思っていないことは知っていた。かってはそのことでよく口論になったが、このとき私の心の声がこう囁いた。その話はやめておけ。私は深呼吸をし、肩をすくめて、事を穏やかなままとどめておくことにした。

「ただの一例だよ。そのヒヤッとした出来事が一瞬でぼくを『批判する人』に陥れたのだと、今ならわかる。ジョゼフの『選択の地図』のおかげだ。ただ、そのときはうまく対処できたとは言えない。むしろ、できなかった。ぼくはそれから二時間ほど猛烈に怒っていたからだ。ジョゼフが言うところの、**『批判する人による乗っ取り』を経験していたんだ**」

私は、最近自分が経験したことを全部、グレースに話してしまいたくなった。会社を辞めるべきかどうか気をもんでいたこと。ジョゼフと会わなければならなくなり、イライラしていたこと。これまでのキャリアがすべて消えてなくなるかもしれないと傷つき、悩んでいたこと。そんなさなかに二人の関係についてあれこれ悩ますグレースに腹を立てていたこと。

私の人生はひとつの大きな……そう、大きな『批判する人の落とし穴』となり、私はぬかるみにどっぷりはまっていたのだと思う。

私はあの批判的な管理職の男性クライアントと同じくらい、ジョゼフに対抗していたのだと気づいたとき、身体中がこわばった。

ジョゼフと初めて会った日、私は彼との面会がどうしようもない時間の無駄だと確信しつつ、うつむきかげんで彼のオフィスに入っていった。あんな気分のままで、私がジョゼフの話を理解できたのは、まさに奇跡だった。

そして今、私がグレースにジョゼフの考えを教えている。まるで、その内容をしっかり理解しているかのように……。

「この地図は、私が『批判する人』の頭になっているとなにが起きるかを、思い出させてくれるのね」

グレースはそう言うと、しばらく顔をそむけて、テーブルについた。そして、コーヒーとトーストを口にしながら、地図をまじまじとながめていた。私は立ったまま、カウンターに寄り掛かって妻を見つめていた。しばらくすると、グレースは少し恥ずかしげに顔を上げてこう問いかけた。

「ひょっとすると、この地図が役に立つんじゃない……そう、私たちの関係に。あなたはどう思う？」

その声には非難や批判めいた響きはまるでなかった。私はそれがすごくうれしかった。

「ジョゼフが言うには、なにかに影響を受けて、『批判する人の道』と『学ぶ人の道』のいずれかを選ぶ、そんな瞬間が人生にはあふれている……」

「だけど、あなたはどう考えてるの？　つまり、それがあなたと私の助けになるの？」

今度は、その声にほんの少しトゲを感じた。彼女は、私が考えていることを正確に話してほしいと、心底望んでいるのだ。私は答えた。

「さっきも言ったように、これは人生のあらゆる場面でうまく使えると、ぼくは思っている。もっといいツールを使うこともできる」

「もっといいツールって？」

いらだった声でグレースが尋ねた。私は彼女の視線を避けようとした。ここまで会話が順調に進んできたのだから、険悪になりたくなかった。私はすでに自分に問いかけていた。

「私はばかなことを言って、また状況を悪くしてしまったのだろうか？」

「そもそも彼女はどうして二人の関係を持ちだしたのだろう？」

そこで私ははっとした。

こんな質問を問いかけている時点で、私は「批判する人の道」へ突っ込んでしまったのではないか。

だが、ここでコーチのジョゼフが傍らから私に叫ぶ姿が頭に浮かんだ。


「学ぶ人！　学ぶ人だよ！　選択の地図を思いだすんだ！　質問を変えるんだ！　この状況を好転させるんだ！」


たちまち新しい質問が頭に浮かんだ。

「どうすればグレースと私の状況を前向きなものにできるだろう？」

グレースがなにか言っている。

「ごめんなさい。私はあなたに対して『批判する人』になろうとしていた。そのことに、たった今気づいたわ」

一瞬、私は戸惑ったが、なにが起きているのかが見えてきて安堵した。グレースは「批判する人の道」を進みはじめていた。二人ともそうだったのだ。

そして、彼女は立ち止まり、私も立ち止まった。素晴らしい！　私は自分のことは棚にあげて、笑みをもらした。

「なにを笑ってるの？」と言いながらグレースは立ち上がり、シンクに皿を運ぶと、私のほうを振り返った。私は妻を抱き寄せた。

「グレース、愛してるよ。きみは素晴らしい！」

グレースは身体をこわばらせたが、すぐに身体の力を抜いて抱きしめ返した。

「数日前の夜のことを覚えているかい？　メトロポールでのディナーの約束にぼくが遅れた夜のこと」

私が尋ねると、肩のあたりでグレースがうなずくのを感じた。

「どっちが時間を間違えたかで揉めたよね。そのとき、きみは素晴らしい態度をとった。きみが急に反論するのをやめたおかげで、状況は変わった。覚えてるかい？」

「うん、覚えてる！」

グレースが私の頬にキスをしながら、くすくす笑った。

もうまじめにその夜のことを思い出す気になれなかったが、私にはどうしても伝えたいことがあった。

「ジョゼフは『批判する人』から『学ぶ人』への切り替え方について話してくれたんだ。それは、実はたった一つの質問でできるんだ」

「ちょうど私が自分に問いかけたように？

『私はこの口げんかに勝ちたいの？　それとも、ちょうど今の私たちのように、もっと二人の距離を縮めたいの？』って」

グレースは身体を離したが、両手は私の肩に置いたままにした。

「きみはそうやって魔法をかけたのかい？」

「そうとも言えるけど。でも、質問とは捉えてなかったわ」

「きみは自然とジョゼフの教えどおりのことをしていたんだ。きみは気づいていないかもしれないが、**そのときまみは質問を変えていたんだよ。その質問で、きみは『学ぶ人』へと変わっていったんだ。そうやって、自分の気分を変化させたんだ**」

「変化！　それはいいわね」

「ぼくもそう思うよ。きみはどうやってそれを学んだんだい？」

グレースはしばらく考え、そしてなにかうれしいことを思いだしたのか、顔が輝いた。

「私が八歳か十歳ぐらいのとき、親友と大げんかしてしまって、気持ちが動転していたの。

ひどく怒っていたのよ！　母は私のことをひどく心配してくれて、隣に座って、二匹のオオカミの話をしてくれたの。

そのストーリーのなかで、老賢人が孫に人生について語るの。人の心のなかには二匹のオオカミがいる。一匹は怒りや嫉妬、欲深さ、身勝手さ、憎しみ、自己憐憫、罪悪感、恨み、嘘を象徴している。すべて人間の悲しみや対立の中心にあるものよ。

もう一匹のオオカミは、喜び、愛、寛大さ、思いやりを象徴している。すべて、調和や幸福、平和と結びつくものよ。孫はそれについてしばらく考えたあと、こう尋ねた。

『いったいどちらが勝つの？』

老人は答えた。

『きみがエサを与えたほうだよ』」

グレースが少し黙り込んだ。母親がこのストーリーを聞かせてくれた日のことを思いだしているのだろう。それから、彼女はこう言った。

「『選択の地図』の教えと似ているわ。どんな時だって、『批判する人』にエサを与えることも、『学ぶ人』にエサを与えることもできる」

グレースがそう言ったとき、ちょうど彼女のスマホのアラームが鳴った。グレースはいつも出勤の準備を始める時間にアラームをセットしていた。グレースはスマホに目を向け、メモを確認した。

「いけない！　今朝のミーティングを忘れるところだったわ。ベン、ごめんなさい、遅れると電話を入れて話を続けたいけど、急いで行かなきゃいけないの」

次の瞬間には、グレースは支度をするため二階に駆け上がっていった。

あとに残された私は、二匹のオオカミのことや「選択の地図」のこと、そして「学ぶ人」や「批判する人」にエサを与えるとはどういう意味なのかを考えていた。

二〇分後、彼女は『行ってきます』のキスをし、ドアから飛びだしていった。私は二杯目のコーヒーを注ごうとして冷蔵庫に目をやり、「選択の地図」がなくなっていることに気がついた。グレースが職場に持っていったのだ！

職場に向かうため車に乗ろうとしたとき、フロントガラスのワイパーに一枚の紙がはさんであるのに気がついた。グレースが慌ただしく書いたメモだった。

愛するベンへ
「選択の地図」をどうもありがとう。
それから今朝の会話もね。
私にとってどれほど大きな意味があったかなんて、
きっとあなたには想像もつかないでしょうね！
愛してるわ。

グレース

そのメモを見て、最高の気分になったが、グレースが「選択の地図」を持っていくとは思いもよらなかった。彼女がジョゼフの考えを気に入ったのは明らかで、そうでなければあのコピーを持ちだしたりしないだろう。

ともかく今のところは、グレースに対し名誉を挽回できたようだ。

いいぞ！　これで人生の重圧がひとつ減った。

まとめ
第5章

- 行動は、質問で決まる。
- 「批判する人」の考え方をしていると、最後には泥沼にはまってしまう。
- 「学ぶ人」の考え方をしていれば、新しい道や可能性を見つけられる。

第6章

質問を切り替える

人間からあらゆるものが奪えるとしても、ひとつだけ奪えないものがある。
人間に残された最後の自由——
それは、どのような環境に
置かれようとも自分の態度を選び、
自分自身の道を選ぶ自由である

ヴィクトール・E・フランクル

私がパール・ビルディングのエレベータを降りると、ジョゼフは赤い大きなじょうろで植物に水をやっていた。私なら部下にやらせるような仕事を、ジョゼフがやっているのを見て驚いた。彼は気さくな笑みを浮かべて振りむいた。

「植物をまわりに置くのが好きでね。どんな生物にも意識を向けなければいけないと、毎日思い出させてくれるんだ。どんなオフィスでも、少しは植物を置くべきだよ。うちでは妻のサラが庭の手入れをしている。妻はね、植物は質問されたがっていると言うんだ。水は足りている？　日光は十分に当たっている？　剪定が必要かな？　もっと栄養がほしい？　植物も人間と同じように、質問によって成長具合が左右されるそうだ」

ジョゼフは急いで水やりを終え、私たちは建物のなかに入った。

「先日のセッションの終わりに、『選択の地図』とそこに示された『学ぶ人』や『批判する人』について話したね。あれからなにか考えたことがあったかな？」

私は控えめにグレースのことを話しだした。キッチンで交わした会話や、彼女が「選択の地図」を冷蔵庫からはずして持っていったことを。それから二匹のオオカミの話もしようかと考えたが、今はジョゼフの教材に集中することにした。

私は遠慮がちにこう言った。

「二つの道、つまり『学ぶ人の道』と『批判する人の道』のどちらを選ぶかによって、結果が違ってくることがはっきりわかりました。私は自分が思っている以上に『批判する人』から抜けきれないでいるのかもしれません」

「幸いなことに、『批判する人』に支配されていると気づいたとたん、すばやくそこから抜けだせる道があるんだ」

そう話すと、ジョゼフは地図のまん中の、「批判する人の道」と「学ぶ人の道」をつなぐ細い道を指さした。そこには「スイッチング・レーン（切り替えの小道）」（図3参照）と書いてある。

「このスイッチング・レーンが変化を起こすカギだ。自分が『批判する人』になっていると気づいたら、スイッチング・クエスチョンを行うことで『学ぶ人』になれる。

どうすればいいか、見てみよう。

『批判する人』になっていると、世界中のすべてがわびしく希望のないものに見えてくる。たとえ世界が無限の可能性に満ちていたとしても、**『批判する人』の目で見て、『批判する人』の耳で聞いているかぎり、ごく限られた可能性しか気づけない。**

そこで、視点を変えて、どんなものでも違った見え方、聞こえ方ができる、それもほぼ即座にできる方法を説明しよう。

ちょっとのあいだ、『批判する人の道』の『スイッチング・レーン』の入口あたりに戻ってみてみよう」

ジョゼフは「スイッチング・レーン」を指さしながら、こう続けた。

「このレーンに入れば意識せずとも『選択』をすることになる。目が覚めたように、世界の新しい見方が見つかる。文字どおり、可能性に対する考え方がスイッチするんだ。

自分の思考、とくに『批判する人の思考』を観察できたら、『批判する人』からの支配が解け、ものごとをどう考えるか、次になにをするかの『選択』が自由にできるようになる」

「あなたの話を聞いていると、『選択』は人に本来そなわった能力のように思えますね」

「そのとおり！ われわれはみなその能力をそなえて生まれているんだ。それがあってこそ、人間なんだ。われわれにはどんなときでも自分の考え方を選ぶ自由がある。ただし鍛錬や、ときには勇気が必要だ。

ただ心にとどめておいてほしいのは、選択する能力をもつからといって、結果を支配できるわけではないということ。ナチスの強制収容所で生き残った精神科医であり、『夜と霧』の著者ヴィクトール・フランクルはこう言っている。

図3

スイッチング・レーン

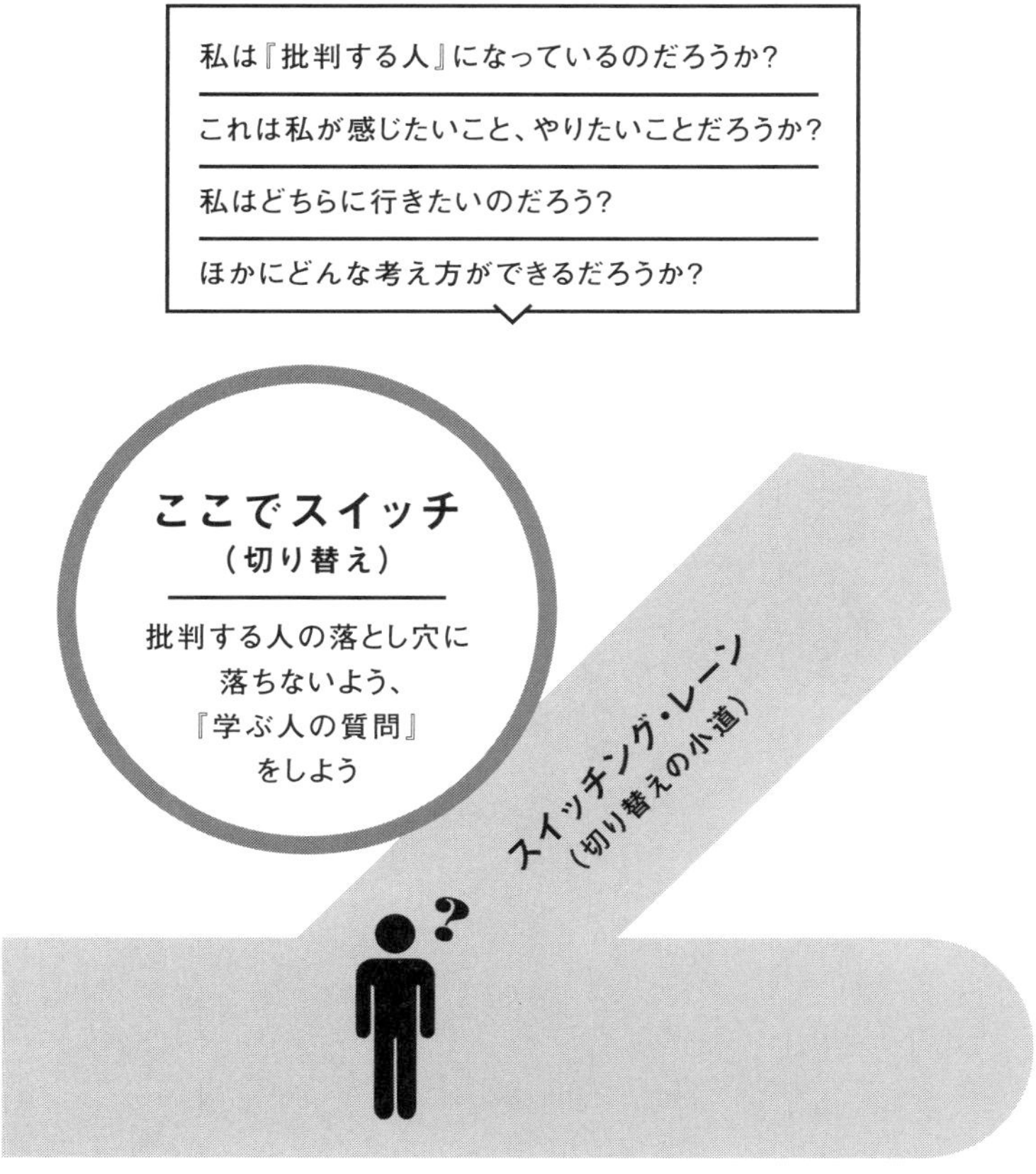

私は『批判する人』になっているのだろうか?

これは私が感じたいこと、やりたいことだろうか?

私はどちらに行きたいのだろう?

ほかにどんな考え方ができるだろうか?

ここでスイッチ
（切り替え）

批判する人の落とし穴に
落ちないよう、
『学ぶ人の質問』
をしよう

スイッチング・レーン
（切り替えの小道）

『人間に残された最後の自由――それは、どのような環境に置かれようとも自分の態度を選び、自分自身の道を選ぶ自由である』

私はフランクルの本を読み、それがナチスの強制収容所に収監された経験をもとに書かれたものだと知ってから、さらにこの言葉は私の心に強く残っている。

この選ぶ自由についての洞察を実用的なものにする重要なポイントを今から話そう。『批判する人』に陥って反射的に反応してしまうときは、たいてい身体がそれを教えてくれる。身体からのシグナルは非常にわかりやすい。

たとえば、あごがこわばったり、耳のあたりまで肩が上がったり、こぶしを握ると手のひらに爪が食いこんだりといった身体の状態だ。あるいは、顔の小さな筋肉がぴくぴくとひきつったり、だれかの話に割り込んだり、ということもある。

さまざまな形があるが、この身体からのシグナルで自分が『批判する人』になっているかもしれないと感じたら、立ち止まって深呼吸をしよう。

この休憩やゆったりとした呼吸が、身体や脳に現実的な変化をもたらす。

こうしてリラックスしてから、自らに問いかける。

『私は「批判する人」になっているだろうか？』

自分のやり方から抜けだし、俯瞰して全体を見渡して、さらには開放的になって多くを受け入れるタイミングがきたといえる。

そこで、『私は「批判する人」になっているだろうか？』と自分に『学ぶ人の質問』をするんだ。答が『はい、「批判する人」になっています』だったら、スイッチング・レーンへの最初の一歩を踏み出したことになる。

次のようなシンプルな質問をしてみよう。

『私は「批判する人」になりたいのだろうか？』
『私はどちらに行きたいのだろう？』
『これは私が感じたいこと、やりたいことだろうか？』

「そんなに簡単なんですか？」

私は少し懐疑的な声を上げた。その問いかけに、ジョゼフは笑いだした。

「**必ずしも簡単ではないが、シンプルなんだよ。**『スイッチング・レーン』に立てば、『学ぶ人の道』に進めるんだ。

『スイッチング・クエスチョン』がパフォーマンスや結果にどうやって大きな変化をもた

らすかがよくわかる話をしよう。私の娘ケリーの話だ。

彼女は優秀で熱心な体操選手だった。大学時代は、全国選手権大会の代表を目指してトレーニングをしていた。

だが、問題があった。ケリーはいつもいい演技ができるわけではなかった。才能はあったが、演技にむらがあったんだ。そのうえケリーは失敗するたびに、自分に腹を立てていた。私と妻はケリーがこのままでは代表チームに入れないと思っていた。

そこでケリーのリクエストに応えて、クエスチョン・シンキングを使うことにした。ケリーにはまず、演技の前になにを考えているかを尋ねてみた。彼女はそこで、重大なタイミングでいつもたった一つ基本的な質問をしていることに気がついたようだ。

『今度はどこでミスするんだろう？』」

「それは『批判する人の質問』ですね」

「そうだ。その質問によってケリーの意識はミスに集中してしまっていた。その質問こそが、『批判する人のトラブル』と呼ぶ状態を引き起こしていたんだ。

そこで私たち三人は、ケリーが『批判する人』に陥ったと感じたら、いつでもすばやく『学ぶ人』に変われるよう、スイッチング・クエスチョンを見つけだそうと取り組んだ。そして娘が見つけた新しい質問はこうしたものだった。

『どうすれば素晴らしい演技ができるだろう？』
『どうすればこれを美しく優雅にこなせるだろう？』

この新しい質問は成果を挙げた。質問を使ってケリーは自分の意識を前向きにし、自らを作りかえたんだ。演技は急激に上達し、結果が出るようになった」

「娘さんは代表になれたのですか？」

「もちろんだとも。娘はトロフィーを持って帰ってきたんだよ。優勝ではなかったが、彼女自身とても満足していたし、親の私たちもね。ただ白状するとね、二十年前、まだ私が『学ぶ人』になる方法を見つけだす前だったら、おそらく優勝しなかったことを責めていただろうし、娘の奮闘や勝利を分かち合う喜びをみすみす逃していただろう。

いいことを教えてあげよう。子どもをもつとね、まったく新しい質問をすることを覚えるんだ」

「私には、まるで魔法のように聞こえますよ。奇跡と言ったほうがいいかな」

私はちゃかした。ジョゼフが笑みを浮かべて言った。

「魔法でも奇跡でもない。メソッドだ。だけど、あれから年月が経って振り返ってみると、魔法と言える部分もあるんじゃないかと思えてきたんだ。きみの言う奇跡ともいえる。

これらの質問で、自分自身に生理的な変化を起こすことさえできる。たとえば、『解雇されたらどうしよう？』と質問すれば、身体にストレス反応の連鎖が起こりえる。『今度はどこでミスするんだろう？』というケリーの質問は、失敗を思い起こさせ不安にさせる。それが身体に伝わって演技の邪魔をし、失敗を引き起こすプログラミングを強化してしまう。

もちろんケリーはそんなことを望んだわけじゃない。だが、演技前の質問によって現実に起こっていたことなんだ。

一方、『学ぶ人の質問』は前向きな意図をもって人をプログラミングする。ケリーの場合、素晴らしい演技に必要な正しい心構えと最適なエネルギーが得られるように」

「『批判する人』でいては、一流にはなれないというわけですか？『批判する人タイプ』でも、かなりの成果を残した人を私は何人か知っていますよ」

「わかるよ。だけど、『批判する人タイプ』などというレッテルは安易に使うべきじゃない。**生まれながらの『批判する人』や『学ぶ人』なんていないんだ。**私がこの言葉を使うのは、あくまでマインドセット（心の状態）を指しているのであって、きみもわかってきただろうが、どんな人も両方のマインドセットをずっともちつづけていく。それが人間の難しいところだ。

レッテルはシールのようにくっついたら離れない。他人にレッテルを貼るというのは、問題だ。たとえば、相手は思ったことが言えなくなったり、あまり関わらなくなったり、気づかぬうちに同僚や友人や家族に対して壁を作ってしまったりするからだ。

しかも、相手を『批判する人タイプ』と考えるだけでも、そうなったりする。よく言われるように、人は空気を読むんだ。

一方で、マインドセットは流動的だ。刻一刻と変化する。つねに覚えておいてほしいのは、**クエスチョン・シンキングは自身のマインドセットに気づけるようになるためのものだ。それに気づきさえすれば、自分で望む変化を起こせるようになる。**

たしかにきみが言うように、なかには『学ぶ人』でいる時間より『批判する人』でいる時間のほうが長い人もいる。目標に向かって突っ走る人や高い成果を出す人もいるだろう。だが、彼らはその成功の裏で、たいてい意図せぬ結果というかたちで大きな犠牲を払っている。そういう人は、自分自身もまわりの人間も怒りっぽくなり、他人を遠ざけるようになったり、自分で考えるのが怖くなったりする。

最後には、生産性や協調性、創造性が損なわれる。言うまでもなく、士気も下がる。

ほとんどの時間を『批判する人』の状態で動いている人に心から忠誠心をもったり、信頼を寄せたりするのは難しい。

従わなければどうなるかを恐れることはあっても、それはベストを引き出すたぐいの忠誠心ではない。たいてい、それは分裂を生み、大きな組織であれば、本来なら有能なチームになっていたはずなのに大きな犠牲を払う再編成を招くこともある。

部下に仕事熱心で打たれ強くなってほしければ、『学ぶ人の道』を行くべきだ。

『批判する人』の傾向が強い人間が率いる組織では、ストレスや衝突、無力感、人間関係の問題が生じがちだ。こういうタイプのリーダーは、難題にぶつかった際の順応性や適応性、あるいはうまく乗り切る能力がそなわっていない。

夜になって、きみが『批判する人』の心持ちで帰宅したら、どんな混乱が起こるか想像してごらん。

妻のサラは昔、『批判する人』の結婚と『学ぶ人』の結婚の違いを考察する記事を書いたことがある。彼女が前提としたのは、夫婦の関係は相手を『学ぶ人』の目で見るか、『批判する人』の目で見るかによってまったく違ってくるということ。『学ぶ人』の目で見ていると、たいてい相手の長所や二人の関係に有効なものに意識を向けていられるとサラは指摘する。私たち夫婦は、自分自身や相手の欠点をくどくど考えるよりも、長所に目を向けて生きているんだ。

家庭でも職場でも、『批判する人』になっていると、あらゆる意見の違いがどうしても超えられない障害物に思えてくる。

人はそんなとき、三つの選択肢を思い浮かべる。闘う、逃げる、動かないの三つだ。

あるいは、波風を立てたくないから、一緒に進むことで隠れるという手もある。

だが、もう一つ別の選択肢がある。

基本の『スイッチング・クエスチョン』に立ち戻ることだ。


『批判する人』でいたら、自分が本当に望むものを手に入れられるだろうか？

私はどちらになりたいのだろう？

私はこの状況でなにに責任をもてるだろうか？


立ち止まって深呼吸をしよう。

『スイッチング・レーン』に立って、まっすぐ『学ぶ人の道』へ進むんだ」

「あなたの言うことが本当なら、こうした質問をつねに頭に入れておけば、ずっと『学ぶ人』でいられるということですね」

「理論的にはそうだ。だが、人生はそんなに単純じゃないし、われわれは聖人でもない。なにかあればすぐに『批判する人』になってしまいそうになる。

私は人はだれでも『批判する人』に戻ってしまうと言ったが、私が強調したいのはそこなんだよ。

だが、これだけは約束できる。

『選択の地図』や『スイッチング・クエスチョン』を心に留めておけばおくほど、すばやく『学ぶ人』になれるし、それがたやすくなっていく。しかもより長く、『学ぶ人』にとどまっていられる。

『批判する人』でいる時間が短くなり、たいていその経験による影響も小さくなり、『批判する人』でいることがもたらす結果も最小限に抑えられる。

覚えておいてほしいのは、『批判する人』には二つの顔がある。

一方は自分自身に批判的で、もう一方は他人に対して批判的だ。結果はまったく違って見えるが、これらは思考のなかの批判的であら探しの好きな同じ一面から発生する。

たとえば、自分に対して『批判する人』は、こんな質問をする。

『私はどうしてこんなに失敗ばかりするのだろう?』

そして、自信を失い落胆する。

一方で、他人に対して『批判する人』は、こんな質問をする。

『どうして私のまわりの人間は愚かで期待に背いてばかりいるのだろう?』

その結果、腹を立てたり、恨んだり、敵意をもったりする。

いずれにしても、『批判する人』でいるかぎり、たいてい自分自身あるいは相手と衝突してしまう。『批判する人』が主導権を握ると、心からのつながりや解決策、あるいは穏やかな感覚といったものを見いだせなくなる。

自分に対して『批判する人』になってしまった一つの例をあげよう。

数年前、妻のサラが雑誌の担当編集者だったルースと話をしていた。二人はともに体重を気にしており、サラは『選択の地図』を使って心を落ち着かせ、自分に優しくなって食事の選択がうまくできるようになったという話をしていた。ルースはその話に強い関心をもち、その経験に関する記事を書いてほしいと頼んだ。

記事のなかでサラが書いていたのは、自分自身に向けてしまう質問のなかで、どんな質問をすれば自分の体重やセルフイメージ、自信に関してトラブルになるのかという内容だった。彼女がリストアップしたトラブルになる質問は次のとおりだ。

『私のなにがいけないの?』
『どうして私は自分を抑えられないの?』

『どうして私は絶望的な大食いなの？』」

「すべて批判的な質問ですね」

私は口をはさんだ。

「そのとおり。そして、こんな質問とともに『批判する人の道』を歩みだすと、必ず自分を責めてしまい、『批判する人の落とし穴』へとまっしぐらに落ちていく。残念ながら、このように『批判する人』になると歯止めが効かなくなってさらに食べてしまう。

サラはこの『批判する人』のトラブルになる質問の負の影響に気がつくと、自分を救うスイッチング・クエスチョンを探そうと決めた。

そして、こんな新しい質問を見つけた。

『私になにが起こっているのだろう？』

『私はどんなふうに感じたいの？』

『私は自分自身を受け入れ、許してあげられる？』」

「それによってサラは、『学ぶ人』に戻るスイッチング・レーンに入ったんですね」

「そうだ。『学ぶ人』にスイッチすると、サラは自分が『批判する人』になりそうだと感じるたびに、そこにとどまれるような質問を考え出した。

『今、自分に一番役立つものはなんだろう？』
『私は自分に正直になっているだろうか？』
『私が本当に必要としているものはなに？』
『食べること以外で、気分をよくするにはなにをしたらいいのだろう？』

サラはこうした質問をするたびに、歯止めの効かない状態を脱し、力がみなぎってくる気がした。それだけではなく、彼女は見事にシェイプアップした。今では体重を維持するのがとても簡単だと言うんだよ」

ジョゼフのデスクにあるサラの写真は、たしかに肥満に悩む女性には見えなかった。

だがこの話を聞いていると、私が自分に向けていた質問はたいてい「批判する人」の考え方から出てくることに気づかされて、ますます居心地が悪くなった。

「これまで見てきたことから判断して、きみは体重のことでは悩んでいないようだが、自分に対する『批判する人』の傾向は強いままのようだね」

「違うとは言えませんが……あなたがそう話す根拠はなんですか？」

「そんなの簡単だよ。きみは私が『批判する人』か敗者とみなしていると確信していたよね。その時のことを覚えているかい？」

私は後悔しそうなところへ足を踏み込んだと感じつつ、「はい」とためらいがちに答えた。

「そんなふうに考えていると、泥沼にはまったままになって、変化するのをあきらめてしまう。だけど、きみが自分に批判的な質問を向けているあいだは、他人のことも上手にターゲットにしてしまうんだよ」

「たしかに自分にはとても厳しいかもしれません……たぶん、他人に対しても。ですが、相手が本当に愚かな場合もあるんです。これは厳然たる事実ですが、あなたはそう思わないのですか？」

ジョゼフはなにも言わずに、私の注意を「選択の地図」に戻した。彼は身を乗り出して、「批判する人の道」を進もうとしている人物を指し示し、次に人物のまわりの吹き出しを指した。

そこには質問が一つだけ書かれていて、私は声に出して読んだ。

『これはだれのせいだろう？』

そのとたん、私の頭に、職場で抱えていたすべてのトラブルが飛び込んできた。大失態をおかして、辞任しなければならないと結論を下したときの、荒涼とした瞬間だ。そのとき感じた面目のなさはひどいものだった。私はそのときたしかに「批判する人」の頭になっていて、自分を敗者だとみなしていた。

でも、それは間違ってはいないのではないか？　私は大失態をおかしたのだから。

「今なにを考えているのかな？」

ジョゼフの問いかけに、私は不快感をあらわにしながら答えた。

「話せば話すほど、起きてしまったことに私が責任を負わないといけなくなるんです」

「責任――それがきみにとってどういう意味があるのか、きちんと教えてくれ」

「結論としてですか？　つまり、私は辞任すべきだということでしょう。私はここでは無能なんです。これでいいでしょう。話し合いはもうおしまいです」

「ちょっと待ってくれ、ベン。少し話を戻してみよう。

きみの質問を『これはだれの責任だろう？』から『私はなにに対して責任をもてばいい？』に変えたらどうなるだろう」

この二つの質問が与える印象はまったく違っていたが、その理由はわからなかった。

「だれの責任。なにに対しての責任。この二つは同じものですか？」

「いいや、まったく違う。だれの責任、という言葉は『批判する人』のもの。なにに対しての責任、という言葉は『学ぶ人』のもの。そこには雲泥の差がある。

だれの責任かという質問は、他の選択肢や解決案を見つけるのを妨げてしまう。『批判する人』になって責任をとらせる人をさがしはじめたら、問題を片づけるのはほぼ不可能だ。だれの責任かを問う、つまり批判は人を無力にする。批判は人を過去から動けなくする。

一方、なにに対して責任をもてばいいかという質問に意識を向ければ、パワーが得られ、新たな可能性に心を開くことができる。前向きな変化へとつながる他の選択肢を自由に作ることもできる」


批判は人を過去から動けなくする。

責任はより良い未来へ続く道を舗装する。


ジョゼフはどういう意味で言っているのだろう？

急に立ち上がって、身体を伸ばし、歩きまわりたい気分になった。

私は失礼してトイレに行き、冷たい水を顔にかけた。部屋に戻ってくると、ジョゼフがこう言った。

「先日きみがチャールズについて話したことを、もう一度言ってくれないか」

ああ、またチャールズの話か！

この件では、私の判断のほうが正しいとジョゼフに証明するのは簡単だ。つまりチャールズに対する私の感情は、単なる「批判する人」の態度の産物ではない。

「前にも言ったように、チャールズがいなければ、こんな事態に陥っていなかったでしょう。それは明らかです。彼は『Ｗｉｎ Ｌｏｓｅ（自分が勝ち、相手は負ける）ゲーム』をやっているんです。なのにジョゼフ、あなたはそのことを見ようとしていません」

ジョゼフはなにも答えずに、「学ぶ人／批判する人のマインドセット」「学ぶ人／批判する人の人間関係」（図4と図5参照）との表題のついた表を見せた。

私はその表の「学ぶ人」と「批判する人」のそれぞれの特徴を並べた二つの表の各欄をチェックしながら、しばらくこれらをじっくり眺めていた。

二つの表に並んだ内容はまったく違っている。

私はすぐに、ある考え方が「批判する人の道」へと導き、別の考え方が「学ぶ人の道」へと導くことに気がついた。

図4

学ぶ人／批判する人のマインドセット（心の状態）

批判する人のマインドセット

- □ 自分自身・他人・事実を批判する
- □ 反射的で習慣的
- □ あら探しが好き・非建設的
- □ 心が狭い
- □ 知ったかぶりで人の話を聞かない・ひとりよがり
- □ 「だれの責任か」をさぐる
- □ 自分の視点のみ
- □ 融通が利かない・頑固
- □ AかBのどちらか
- □ 思いこみにこだわる
- □ ミスは悪いこと
- □ 不足していると考える
- □ 可能性には限界があると考える
- □ 基本的なスタンス：防御的・心配性

学ぶ人のマインドセット

- □ 自分自身・他人・事実を受け入れる
- □ 反応する・思慮深い
- □ 真価がわかる・謙虚さをそなえる
- □ 心が開放的
- □ 知らないということを気楽に受け入れる
- □ 「なにに対しての責任か」をさぐる
- □ 多角的な視点をもつ
- □ 順応性・適応性・創造性がある
- □ AもBもどちらも
- □ 思いこみを疑ってみる
- □ ミスはそこから学ぶもの
- □ 充足していると考える
- □ 可能性には限界がないと考える
- □ 基本的なスタンス:好奇心が強い・開放的

図5

学ぶ人／批判する人の人間関係

批判する人の人間関係

- □ Win-Lose（相手を打ち負かす）の関係
- □ 相手を軽視する・自分を卑しめる
- □ 主張する
- □ 自身や他人から離れている
- □ 違いを恐れる
- □ フィードバックを否定と捉える
- □ 会話：自分中心
- □ 衝突を破壊的と捉える
- □「批判する人の耳」で聞く
- □ 人の話を聞くときに賛成か反対かを考える
- □ 自分自身・他者になにがあったのか？
- □ 危険
- □ 攻撃、もしくは防御する
- □ 問題を重視

学ぶ人の人間関係

- □ Win-Win(自分も相手も勝つ)の関係
- □ 相手を受け入れる・共感する
- □ 探究的
- □ 自分自身・他人とつながる
- □ 違いを重視する
- □ フィードバックは価値あるものと捉える
- □ 会話:協調的
- □ 衝突を建設的と捉える
- □ 「学ぶ人の耳」で聞く
- □ 人の話を聞くときは理解と事実を考える
- □ 自分自身・他者にはどんな価値があるだろう?
- □ 可能性
- □ 真価を認める・解決する・創造する
- □ 解決策を重視

ジョゼフが言った。

「この表は、自分をしっかり観察できるようになるためのものだ。表には『学ぶ人』と『批判する人』の特徴が書いてある。いつ何時でも自分がどんな状態にあるかを見きわめる手がかりを与えてくれる。自己観察力を高め、『批判する人』から『学ぶ人』へとスイッチするのに、非常に役立つ表だ。

ちょっとした実験をやってみよう。

チャールズのことを考えてみてほしい。そして、表のなかのフレーズのうち、きみの注意をパッと引きつけたものがあれば読み上げてくれ」

私は表を見て、目に入ったものから読み上げた。

「反射的で習慣的。知ったかぶり。ひとりよがり。人の話を聞くときに、賛成か反対かを考える」

そこでやめた。読み上げているのはすべて「批判する人」の欄だ。あごがこわばってきた。

それから私は、「学ぶ人」に目を向けた。ひとつのフレーズが目に飛びこんできた。

『知らないということを気楽に受け入れる』

これはどういうことだろう？

『『知らないということを気楽に受け入れる』──これが、なにを意味しているのかわかりません」

「仕事でリサーチをしているときのことを考えてみてくれ。きみはなにか新しいものを発見したいと思っている。だが、それはきみがすでに答を知っているという考えに固執していては不可能だ。

『知らないということを気楽に受け入れる』とは、学習とすべての創造性と革新の基礎となるものだ。そして、あらゆる可能性や、驚きをさがしだすことに心を開いている状態だ。古い意見や解釈を守りとおすのではなく、新鮮な目でものを見ることだ。

アインシュタインの言葉を思いだしてほしい。

『**過去から学び、今日を生き、明日へ希望をつなげよう。大切なのは問うこと（質問）をやめないこと**』

私はこれを『合理的な謙虚さ』と考えている。つまり、すべての答を知るのは不可能だと認めることで養われる成熟さである」

「合理的な謙虚さ」だって！　私はその言葉が気に入った。それこそ、私が技術研究をしている際のポリシーだ。一方で、とくに人間関係については、私には未知の領域だ。

突然、私は混乱してきた。

反射的で習慣的なのはチャールズか、それとも私なのか？

知ったかぶりで人の話を聞かないのは彼か、私か？

ひとりよがりなのはどちらなのか？

人の話を聞くときに、賛成か反対かを考えるのはどちらなのか？

どちらがおおいに「批判する人」なのか？

混乱している私に対し、ジョゼフが新しい質問を投げかけてきた。

「『批判する人の落とし穴』で長時間を過ごせばなにを犠牲にすると思うかね？」

「犠牲にするもの？」

私は静かに聞き返し、ジョゼフを見たあと床に視線を落とした。その質問はまるで雷のように、私に衝撃を与えた。

「私が『批判する人』だったために会社が払った犠牲となると、考えたくもありません。まず、私はかなりの金額の報酬をもらっていますが、私がやったことと言えば、お金をブラックホールに捨てたようなものですから。

そのうえ、チーム全体の士気を落としてしまったのではないかと疑いはじめています。私はチーム・ミーティングに出るのが怖いんです。一緒に働くほかの部署へもじわじわ悪影響が伝わって……そう、まったくひどい状況なんですよ！」

ジョゼフは一見私の洞察に満足したようにうなずいていた。

「これは大きな前進だよ。きみは出来がいいな、ベン」

「出来がいい？　なんの話をしてるんです？　大惨事ですよ。命綱を投げてくださいよ。どうやったらここから抜け出せるんでしょう？」

「きみを引きずり出すこともできるよ。だがね、私はきみにもっと価値のあるものを与えるつもりだ。**自分で抜け出すためのツール**だよ。

私は『魚の釣り方を教える』的なやり方を信じているんでね。

きみが仕事で『学ぶ人』になっていたときのことを思い出してほしい。そのときの状況がどんなものだったか、できるだけ鮮明に思い出すんだ。思い出せないようなら、表の『学ぶ人』の欄を見てごらん」

私は前職のＫＢ社でやった最高の仕事を思い出していた。

すべてが円滑に進んでいて、毎朝目が覚めると職場に行くのが楽しみでならなかった。

私の生産性は高く、ほかの社員の生産性も向上した。だれもが仕事に没頭していた。

実のところ私はひとりで仕事をする時間が長かったが、ほかの社員たちも私と働くのが楽しいと言ってくれていた。

記憶をたどっていると、自然と笑みが浮かんできた。当時の仕事生活は、今経験している悪夢のような生活とは比較にもならなかった。

「少し考えてみたのですが……。KB社では、私は人を率いる必要はありませんでした。技術的な質問に革新的な回答を考え出すだけで。そういう環境でなら、『学ぶ人』でいつづけるのもさして難しいことではありません」

「きみの言いたいことはわかるよ。とはいえ、同じ原理を現在のリーダーとしての役割に応用するのは難しいね。人間はそんなに単純じゃないから」

「それって、グレースがいつも私に言うセリフです」

私もジョゼフもくすくす笑った。

「ならば、私がきみを正確に理解しているかどうか見てみよう。技術面の仕事では、きみは『学ぶ人』でいることはたやすい。きみが得意なことだからね。

ただ、きみには自分の殻を破り、客観的に観察し、仮説を立てて検証し、現状を評価するための特別な質問がある。そしてその状況できみが出す答がなんであれ、良いも悪いもない。単なる情報だと思ってほしい。

トーマス・エジソンは次の発言で有名だ。

『電球の発明には何千もの失敗が必要だった。その一つひとつが最終的な成功に貢献している』

きみに渡された新しいツールがあれば『批判する人』に気づき、『学ぶ人』と区別ができるようになり、自分が選択さえすればいつでも『学ぶ人』に切り替わることができる。つまり、セルフ・コーチングだ。

今きみは自分の人生を自分でマネジメントできるような道を歩み始めたんだ」

急に合点がいった。私は「選択の地図」に目を向け、スイッチング・レーンに注目した。

「スイッチングとは変化を可能にするもの。そこには行動が生まれるんですね！」


スイッチングとは変化を可能にするもの。

そこに行動が生まれる。


ジョゼフが力強くうなずいた。

「そのとおり！　きみにもわかったようだね！　切り替える（スイッチ）能力によって、**きみ自身が変**

化に責任をもつことになる。

偏った判断をせずに自分自身の『批判する人』を観察でき、スイッチング・クエスチョンができるようになれば、最高にパワフルで勇気の出るツールになるんだ。しかも切り替わろうとする意欲とその能力があれば、変化を起こすだけでなく、変化を持続できるようになる。なぜなら、どんな瞬間にもわれわれは自分自身を観察し、自分自身に『学ぶ人の質問』をするからだ」

ジョゼフの熱意が私に伝染したようだ。

「ちょっと確認させてください」

少しばかり緊張しながら、私はそう申し出た。

「私があなたから聞いた話では、人間として自然な闘争・逃走反応だったとしても、違ったかたちで理解することもできる。自分が『批判する人』になっているシグナルだと読める。

この能力によって、私たちはスイッチング・クエスチョンを駆使し、『学ぶ人の道』に入るチャンスが得られるんですね」

「そのとおり、そのとおりだよ！」

ジョゼフはうれしそうに答えてくれた。

私はもっと学びたかった。
とくに変化を起こすことと変化を持続することについて。
そして、それが私の仕事での成果をどう向上させてくれるのかを。
だが、時計に目をやると、もう今日のセッションを終える時間になっていた。

第6章 まとめ

● 質問は思いこみを変える。

● 「学ぶ人」の目で見ると、相手との関係に役立つものはなにか、相手の長所はどこかに集中できる。

● 「批判する人」はつねに良い悪いで判断し、他人や自分自身を批判する。

第7章

戦略を切り替え、心も身体も切り替える

自分の信念や判断に責任を持つことで、それらを変える力が与えられる

バイロン・ケイティ

ジョゼフとのセッションに向かうためオフィスを出ようとしたとき、私は廊下であやうくチャールズとぶつかりそうになった。チャールズは手にいっぱいの書類を抱え、困り果ててイライラしているような表情で、彼のオフィスから飛びだしてきたところだった。

私は、気持ちはこもらないながらもなんとか「おはよう（グッドモーニング）」とつぶやいたが、彼は挨拶を返しもせずに、目の前で抱えていた書類を振りまわした。

「この書類が私のデスクに置かれるまでは、たしかに良い朝（グッドモーニング）でしたよ」と彼はそう言うと、踵を返し早足で去っていった。

私は言い返すこともできないままその場に立ちすくんだ。身体と脳はアドレナリンが騒ぎだし、じわじわと怒りを募らせていた。チャールズに失礼な振る舞いをされたことで、彼とのあいだに起きたあらゆる問題が急に脳裏によみがえってきた。

肩はガチガチにかたまり、胃は締めつけられ、手は思わずこぶしを握っていた。

きつく握ったこぶし！　落ち着け！　そう自分に言い聞かせた。

ぶつかりかけたときの驚きやチャールズの態度の腹立たしさを考えれば、この反応は正当なのだろうか？

ジョゼフの言うことが正しいなら、今味わっている不快感やストレスは、私が「批判する人」へ向かおうとする徴候なのではないか？

正直に言うと、今の自分が「批判する人」に陥ったことに気づき、ただちに「スイッチング・レーン」へと導く質問をしていることに「上出来ではないか」とも思っていた。とはいえ今、「批判する人」の感覚が身体と脳のすべての細胞を勢いよく流れている。心臓の鼓動が激しく、呼吸するのも一苦労だ。その状態で「スイッチング・レーン」を見つけるだけでも、エベレストに登るようなものだ。

しかも、私のなかの「批判する人」は、「私が経験するすべては現実で正当なことだ。ときにはその事実と向き合わなければいけない」と叫んでいる。

ジョゼフのオフィスに着くまでに、私の首はひきつって、まるで鋼の棒が差し込まれたみたいになっていた。チャールズと廊下でぶつかりそうになったことや、顔を合わすたびに腹立たしい思いをしていたことが燃料となって、心がとんでもない速さで疾走している。ジョゼフに話したいことで、頭がいっぱいだった。もちろん、今回限りできっぱりと事を解決できるように、彼との会話のリハーサルもしていた。メッセージは明確だった。

「この男は排除しないといけない。この件をあなたに話さないといけないだろうか？」

ジョゼフのオフィスが入るビルのドアを開けたときの私は、今日一日を始めからやり直したい気分に襲われていた。

私は今朝のチャールズとの遭遇を大げさに捉えすぎなのだろうか？

いや、そうは思わない。だがコーチングにかけた時間もむなしく、私が事態をうまく対処できなかったことで、ジョゼフをがっかりさせてしまうと感じるのはどうしてだろう？

この調子では、私は彼の最優秀生徒にはなれそうにない。それどころか、彼にとって最低の情けない生徒になってしまうのではと不安になった。

ジョゼフのオフィスに着くと、彼は私を待っていたかのようにビルのホワイエに立っていた。

「なにかあったのかね？　今にもだれかを殴り飛ばしそうに見えるよ」

私は肩をすくめ、彼からそんなふうに見られていることにばつの悪い思いで、「批判する人の落とし穴」あたりをうろうろしていた。私は緊張を和らげようと、首のあたりを擦りはじめ、こう答えた。

「大丈夫です。今朝、不運にもチャールズと出くわしてしまったんです。彼についてはいくらか成長したと思っていましたが、もううまくいく見込みはないでしょう」

ジョゼフはかなり心配そうに、眉をひそめ「骨が折れていなければいいが」と口にしたあと、ニッと笑みを浮かべてこう尋ねた。

「血は流れなかったのかい？」

「そういったことではありません。ただ、話し合いの前に、少し緊張をほぐしたほうがいいのかもしれません」

「いい考えを教えよう。今の感情をとどめておきなさい。『批判する人』が支配していると、身体や脳になにが起きるか、そこにしっかり目を向けるいいチャンスだ。体内あるいは脳内の動きを知ることで、『スイッチング・レーン』に立つことができる」

ジョゼフの話がどこへ進むのかさっぱりわからぬまま、私は立ちすくんでいた。

チャールズの件をどう扱うかは私の責任であって、ジョゼフの責任ではない。

「批判する人」を正当化してしまったと、私自身が認めないといけないということか？

ジョゼフは黙ったまま、私が次に打つ手を待っている。数秒後、私は肩をすくめた。ジョゼフの自信に満ちた態度を見ていると、彼のリードに従うほうがよさそうだ。

「私の個人的な研究なんだがね。ちょっとした科学の話になるんだが……。まずはきみに起こっていることを説明してみてくれ……あまり考えすぎないようにして」

「簡単ですよ。ちょっと自分をばかだと感じてます。『批判する人』の状態で身動きできない自分に怒りとばつの悪さも感じています。チャールズとはしっかり決着をつけて、わだかまりをなくすべきでした。だけど、今の心の状態では……そのうち、おそらく『批判する人』ならではのやらかしをしていたでしょう」

「『批判する人』の二つの顔、その話をしたのを覚えているかい?」

思いだすのにほんの少し時間がかかった。

「はい。自分自身に批判的な面と他人に対して批判的な面ですね」

ジョゼフはうなずき、「きみは同時にその二つの顔をもっていたんだろうね」と言った。

やがて彼はなにかひらめいた様子でデスクに向かい、引き出しを開け、真っ白な名刺のようなものを持って戻ってきた。なんだろうと思いながら、私はそれを受け取ると、裏返した。裏には、太字でこう書いてある。


「自分が考えたことをすべて信じてはいけない!」


私はそれを声に出して読み、一呼吸おいた。

「自分が考えたことをすべて信じてはいけない? 自分が考えたことを信じないなら、なにを、あるいはだれを信じられるんです?」

「そんなふうに自分に質問をしつづけなさい。そして、何度も質問を変えなさい」

「それなら任せてください。先日のセッションで、あなたが言ったことを覚えていますよ。

『どうしてこんなに失敗ばかりするのだろう？』『だれの責任だろう？』ではなく、『私はなにに対して責任をもてばいい？』と質問しなさいとあなたは言いましたね」

「上々のスタートだ！」

そう言ってから一分ほど経て、ジョゼフは再び尋ねた。

「今、きみになにが起きている？」

私の顔に驚きの表情が浮かんでいることを、彼は言っているのだろうと確信した。

「一分前、『スイッチング・レーン』は私のレーダーからはずれていました。しかし今、『スイッチング・レーン』は目の前にあります」

「OK。レーンに立って、その道を行きなさい。今、身体の感じ方になにか変化があったか、教えてくれ」

「私の身体ですか？　私の身体がなんの関係があるんです？」

ジョゼフは黙ったまま、私の返事を待っている。

ああ、そういうことか。私が感じていること、ということか。

それについては疑いようもない。私の首にもう鋼の棒が差し込まれたような感覚はない。背中の緊張もほぐれている。それに、胃がキリキリする感覚も消えていた。

「シンプルな質問がこうした変化を起こしたってことですか？」

素直に言うと、身体が自分に伝えていることを、自分でも信じているかわからなかった。

「今なら、チャールズのことをどう思う？　なにか変化はあるかな？」

「チャールズ！　彼のことを思いださないといけないんですか？　ああ、そういえばさきほど科学がどうとか言ってましたね？」

ジョゼフは笑いだした。

「OK、そうだ、科学だね。――チャールズの話はあとにしよう。第一ステップとして、きみはレッスンのもっとも重要な部分をすでに経験しているんだよ」

「私がなにを経験していると？　いつ経験したんですか？」

ジョゼフはその質問に対する回答を慎重に考えているように見えた。

「きみとチャールズが廊下でぶつかりそうになったときに、きみは経験しているんだ」

「だけど、なにもかもがすごい速さで起こっていて……」

私はそこに科学なんて存在しないと、反論しかけた。だが、自分の考えを最後まで伝えるまえに、口を閉じた。覚えているのは、とてもびっくりしたことと、もう少しでチャールズを厳しく非難するところだったことだけだ。

ジョゼフはポケットから小さなポインターデバイスを取り出し、部屋の向こう側のモニターをクリックした。突然、私たちの目の前に、人間の脳の断面図が現れた。脳の中心部の近くにある二つのほぼ同じ大きさの形状を、彼はレーザー・ポインターで指した。

「**科学のレッスンを始めよう**。この二つの小さなニューロンの集まりが『扁桃体』だ。扁桃体は、われわれが健康や安全への脅威を知覚した際に身体や脳になにが起きるかの秘密を握っている。脅威とは、たとえば渋滞中にヒヤリとした経験や締め切りのプレッシャー、大切な人とのけんかなど、いろいろなものがある。

脳科学者によると、扁桃体は防御の最前線であり、われわれに危険を警告してくれる。扁桃体がなければ、われわれは今ここにいないかもしれない」

「生物学を思いだしましたよ。扁桃体は、人間の基本の生存メカニズムを作動させる警報システムですね。闘争か逃避か、ですよね？」

ジョゼフはうなずいた。

「そのとおり。もう少し詳しく説明しよう。人間が危険を察知した際の最初の反応は〝隠れる〟ことだ。それに失敗すると、闘うあるいは逃げる準備をする。それにも失敗すると身動きできなくなり、トラのエサとして命を差し出す。

だが神経科学によると、そのメカニズムはもっと複雑だ。小さな扁桃体が、身体や脳の多くの組織と相互作用しているんだ。たとえば脚に走り出せとか、こぶしに殴りかかれといった指令を出すなどしている。

少し話を戻そう。扁桃体が各感覚器官から最初にシグナルを受け取るあいだの一ナノ秒に（1ナノ秒＝1秒の10億分の1）。たとえば大きな音やいやな臭い、小枝がポキッと折れる音……

「あるいは、入口からだれかが飛び込んでくるとか……」と私が口をはさむと、ジョゼフはくすくす笑った。

「そういうこともあるね。つまり、いろんな出来事が次々に起こり、問題が複雑になる。しかもすべてが光の速さで起きている。このとき扁桃体は、感覚器官からの情報や過去の情緒的・身体的トラウマの記憶、防御のために大きな筋肉がどんな準備をするかの情報さえも処理しはじめる。心拍数や血流、敏捷さ、攻撃性といった各機能を変化させたり、感覚を研ぎ澄ましたりしながら、脳や身体の生化学物質の生産を始める。

そしてこの時点で、脳がすべての情報や反応を解釈しながら機能しはじめる。人間は今なにが起こっているかを理解するのに最善を尽くし、そして自分がどうするのかを決定する。これらはすべて数ナノ秒で起こることだ。集めた情報から、人間の脳はその意味を解釈し、ストーリーを組み立てて行動を導く。

私の大好きな科学者であるキャンダス・パート博士は、こんなふうに表現している。

『入ってきた情報が高次脳に届くと、人間はいわゆる〝現実〟を描写するためにストーリーを組み立てる。そして、今起こっていることの自分バージョンを作りだす』」

「そうなんですか？　人はストーリーを作るのですか？」

「覚えておいてほしいのだが、脳は生活におけるあらゆる動きを構成し、指揮するんだ。

私の話を聞いてくれるかな。幼いころ、叔父が私に武道を紹介してくれた。私は少々怖がりな子どもだったからね。叔父は空手を習えば、心も身体も強くなると考えたんだ。

しかし、そんなことで怖がりが治りはしなかった。むしろ空手を始めたことでより恐怖に気づくようになり、なんなら恐怖と親しくなったぐらいだ。ただ、しだいに私は怖い状況を認識すると、それに対する反応をうまく選択できるようにはなった。もう無意識に反応することはなくなったんだ」

「あなたが怖がりな子どもだったなんて想像できないですね」

「そうだね、でも本当なんだよ。なにか怖い思いをしたらいつだって立ちすくむか、逃げだそうとしていたよ。ただ、もし『逃げる』『立ちすくむ』『闘う』が人間のおもな反応だとしたら、人は人生でたいした成果はあげられないだろう。

あの夏、空手道場でクエスチョン・シンキングは生まれたのだと思う。

私が選択を見いだした場所はそこなんだ。私は自分にこう問いかけた。

『私が焦点を合わせているのは「うまくいかなかったこと」か、あるいは「うまくいく方法を見つけること」だろうか？』

クエスチョン・シンキングの観点からいえば、これが『批判する人』から『学ぶ人』へと意図的に移行した最初の小さな一歩だったとも言えるだろう。

そして実際にその質問に注意を向けるたびに、私は脳に変化のチャンス、新たな選択をするチャンスを与えていたんだ。友人のパート博士の言葉を引用すると、

『他人を非難する、あるいは自分の行動に責任をもつ、だれもがそのいずれかの能力をもつ』

だろう。そこから『選択の地図』は生まれたんだ。『選択の地図』は、今起きていることについて自分自身に語るストーリーを生みだすためのガイダンスなんだ。

近ごろ脳科学者は、『神経可塑性』を話題にしているが、これは新しい神経経路を生みだす脳のポテンシャルのことだ。世界との新しいつながり方ともいえる。その経路のなかには扁桃体と関連深いものもある。人は危険に対し反応をどう変えるか、そのカギがそこにある。

きみとチャールズの問題に話を戻そう。彼に対するきみの感情は本物だろう。ただ、きみにとって難題なのは、こうした感情の捉え方と彼に関してきみが行う質問だ。

この遭遇についてのストーリーはどこから来るのだろう？

そのストーリーによってきみはどこに行きつくのだろう?

思いだしてくれ、廊下でぶつかりそうになったことへのきみの反応は、過去に生みだされた記憶やストーリーを活性化する扁桃体によって引き起こされたものだ。

そして、恐怖が過去のストーリーの一部にあると、無意識の反応に頼ってしまい、ネガティブな偏見を抱いてしまう。そして『批判する人』へまっしぐらだ」

私はそれについて少しのあいだ考えていた。

「あなたの言うことが事実なら、私は『批判する人』に乗っ取られたのではなく、扁桃体による不意打ちを受けたんですね!」

ジョゼフはいきなり大笑いしだした。だが、私は真剣だった。実際に不意打ちを受けたような気分だった。私の体内および脳内からの不意打ちだった。

この反応はコントロールできないのかもしれないと思うと落ち着かない気分だった。それともコントロールできたのだろうか?

「私は糸につながれた操り人形のようですね。そして、扁桃体が人形遣いだ」

私はがっかりした気分でそう言った。

「時にはそう思うかもしれないね。しかし、きみの脳内で実際に起こっていることなんだ。きみが恐怖を感じたり、危険にさらされたりすると、その刺激を受けて、扁桃体が過去の経験の記憶にアクセスするまでが、ほぼ一ナノ秒以内に起こる。実際に怪我をしたり、トラウマを抱えたり、親しい人が怪我をするのを目撃したりするような記憶にね。それが、われわれが危険を察知した際にアクセスする情報なんだ。

こうした古い記憶は消し去れないが、もっと適切で効果的な方法をとり、新しい情報を扁桃体に与えることでその影響を最小限度に抑えられる」

「どうやればいいのですか？　魔法の杖を振るんですか？」

「そうだったらいいね。だけど答はノーだ。きみの新しい情報や新しい戦略は、扁桃体からの非常に初期のシグナルを解釈する新たな方法を学ぶところから始まる」

「占い師にでもなって、未来を見なくちゃいけませんね」

「もっとシンプルだよ。きみが必要とする最初の情報はきみの体内にある。それを感じればいい。このセッションを始めたときにきみが経験したことを思いだしてごらん。きみの体内のリサーチはなんと言ったかな？」

「こういうことですか？　心臓の鼓動が速い、呼吸がしにくい、さまざまな筋肉が緊張している、知らぬ間にこぶしを握っている」

「そうだね。もしそのとき脳と口の接続が滑らかすぎると、あとで後悔するようなことをうっかり口走ってしまう」

「後悔するころにはもう遅い」

「そのとおり。だが続けていけば、どんどん自分の感覚に早く気づけるようになり、きみの身体の最初の感覚が行動へとつながるようになる。ヴィクトール・フランクル、ロロ・メイ、スティーブン・コヴィーをはじめとする著名な作家が、刺激と反応のあいだのギャップに気づく人間の能力について語っている。

言い換えれば、**「今起きていること」と「それに対してなにをするか」のあいだにあるギャップだ。**

このギャップには、人間の偉大なる自由、つまり『選択する自由』が存在し、ロロ・メイは『このギャップを建設的に使いなさい』と言っている。

だが、どうやってそうするのか？」

「あなたが言っているのは、『クエスチョン・シンキング』とか『選択の地図』とか……」

私は言葉に詰まってしまい、言おうとしたことを最後まで言えなかった。ジョゼフが私の代わりに言葉を足してくれた。

「『クエスチョン・シンキング』と呼んでいるこれらのツールを活用することで、刺激を適切に解釈し、新たな質問をし、『隠れる』・『闘う』・『逃げる』以外の反応の可能性に心を開くための新しい情報を、扁桃体に与えることができるんだ」

「あるいは、身をすくめる」と私が追加した。

ジョゼフはうなずいた。

「われわれが生きている世界では、刺激と反応のあいだにある重要なギャップを利用する能力に頼っているところがたくさんある。扁桃体を顕微鏡で観察し、その内部機能を明らかにすることによって、神経科学はこの重要なギャップが心に宿るのを非常にたやすくした。このギャップは、人が立ち止まったり、後ずさりしたり、さまざまな質問をしたり、経験を解釈する方法を生みだしたりする場なんだ。

そのプロセスにおいて、人は次になにをやるかを選択できる」

「水平線のかなたに舟をこぎ出しても大丈夫だと学ぶ、みたいなことですか？」

私が尋ねると、その発言に戸惑ったように、ジョゼフは「どういう意味かな？」と尋ね返してきた。

「つまり、私たちはまず最初に、地球は平らではないと確信しないといけないんですよ」

「なるほど、おもしろいねえ。悪いたとえではない。最初は、地球は平らで、水平線に到達したら地球の端から落っこちてしまうと言われていた。だけど、船乗りたちは新しい経験を経て、そこから地球の形について新しいストーリーを生みだした。さらに、今度はわれわれに選択とチャンスの新たな世界をまるごと与えてくれたんだ」

少し頭を整理し、ジョゼフの言ったことすべてをきちんと処理する必要があった。ありがたいことに、このとき私のスマホが鳴った。私は反射的にポケットに手を伸ばし、スマホを取り出した。必要な休憩を取るよい口実ができた。私はジョゼフをちらりと見た。

「電話に出ていいですか？」

ジョゼフはうなずくと、席を立って部屋から出て行った。私はひとりの時間ができてほっとした。発信者を確認すると、なんとチャールズからの電話だった！　今一番話したくない相手だ。

それでも私は緑のボタンを押して、「もしもし」と言った。

「もしもし、ベンですか？」とチャールズが言った。驚いたことに、明るくて機嫌のよさそうな声だった。

「今お話ししてもいいですか？　今朝はぶっきらぼうな態度をとってすみません。正気を失ってるんじゃないかと思ったでしょうね。実を言うと、それに近い状態でした。作業指示に大きな手違いがあって、そのままだと大変なことになっていたところでした。ですが、幸い問題は解決しました。午後のミーティングで詳細を報告します」

少しのあいだ、私は言葉が出なかった。チャールズが謝っている！　聞き間違いじゃないだろうかと思いつつ返事をした。

「あー、それはよかった……後でゆっくり聞くよ、チャールズ。今少し手が離せないんだ」

「OK。それでは。邪魔をしてすみません」

「いや、かまわないよ。電話をくれてありがとう」と言って私は電話を切った。

チャールズの予期せぬ電話からわれに返るのに少し時間がかかった。

そして今朝、彼とぶつかりかけて以来、私が感じていたこと、振る舞っていたことの解釈に疑問をもちはじめていた。そして今朝の廊下での出来事を思い返し、当初とまったく違うストーリーを作っていた。

当初のストーリーが絶対的な真実であるかのように振る舞っていたらどうなっていただろう、私はそう考えただけで身震いがした。

ジョゼフが戻ってきたとき、私のなかに今起こったことを彼に話すのを嫌がる自分がいた。だが、私は話そうと決めた。それについての彼の反応に興味があったからだ。

「なんだか恥ずかしいことになりました」

私は切り出した。

「今朝のチャールズとの一件で、私の心は最悪のシナリオ——扁桃体であなたが話していたネガティブな偏見——で動き、行動の根拠にしていたら悲惨なことになっていたストーリーを作ってしまっていたんです。

ですが突然、私にはまったく違った可能性が見えてきたんです」

「それはおめでとう！　そのネガティブな偏見やそれを中心に作られたストーリーは、きみを一気に『批判する人』へと導くんだ。単純明快な話だよ。恥じることはない。『批判する人』になっている自分に気づき、『スイッチング・レーン』に立ったことを喜べばいい。そして、きみが作りだしたストーリーに気づいたことにもね」

ジョゼフは少し間をおいて、ほほえみながら付け加えた。

「うれしいね。きみは途中でチャールズのイメージを勝手に変えてしまわなかった。だけど、ちょっと質問させてくれ。もしチャールズとの一件を追体験したとしたら、立ち止まって、フランクルの言うところのギャップを見つけだすことができるだろうか？『批判する人』になっていることに気づいて、『学ぶ人』にスイッチできるだろうか？」

「できると確信しています。あなたの教えてくれたことが、まさに役に立っています。もうすでに、あなたの『選択の地図』は私の頭に明確に刻み込まれています。頭のなかでそのプロセスを簡単に追えます」

「自分に問いかけている質問やそれに同調するストーリーに気づくたびに、それを変えるチャンスを得るんだよ。きみのまわりの出来事についてより正確なストーリーを作るための新しい情報を差し出せば、『批判する人』から『学ぶ人』へのスイッチに成功するんだ」

「それなら、もしあなたの言ったことを脳がすべて実現できるのなら……そう、『スイッチング・レーン』ほど驚異的な場所はありませんね。私にも生まれもったスイッチ戦法を強化し拡大させる能力があるということですね」

ジョゼフは少し間をおいて、にっこり笑いながらこう言った。

「ベン、きみのいうとおりだ。とてもうまい言い方だね」

いい気分になって、私ははにかみながらこう言った。

「それはこういう意味ですか？　たとえ最初は無理だと思えても、私たちには変われるという希望がつねにあると？」

ジョゼフのうなずきとほほえみがすべてを物語っていた。

「『選択の地図』によって、われわれはストーリーの現状を認識し、それが意味するものや、それによってわれわれがたどり着ける到達点をめぐる批判的思考（クリティカル・シンキング）を養う能力が身につく。パート博士はこの能力を『選択的注意』と呼んでおり、意識的に自身の焦点（注目点）をシフトさせる能力といえる。

われわれが『学ぶ人』に注目すれば、新たな可能性に向けて心を開くことができる。『批判する人』に注目すれば、必ず衝突に遭遇する」

「そして、新たな可能性に心を閉じてしまうことになるのですね」と私が付け足した。

「そのとおり。たいていの場合、『批判する人』でいる自分に向けた質問や語るストーリーは、批判や最悪のシナリオに包まれて、変化の可能性をつぶしてしまう」

二人ともしばらく黙りこんでいた。今の話が暗に示すもので私の頭はいっぱいだった。

「もう一つ付け加えないといけないね」

ジョゼフはそう言って、壁に掛けられた、最初は額に入った手紙と思われたものを指し示した。

彼はそこまで歩いていくと、「これもパート博士の言葉だ」と言って、私に読んでくれた。

「もし人間が非常に強力であるなら、
人類の存在のために、
そして六〇億人が生きるこの惑星のために、
われわれはなにを生みだしたいのだろうか。

それはまさしく次に考えるべき質問だ」

まとめ 第7章

- 自分で考えたことを
すべて信じてはいけない。

- 扁桃体によるネガティブな偏見や
それを中心に作られたストーリーは
「批判する人」へと一気に導く。

- 「起こっていること」と
「それに対して何をするか」の間の
ギャップには「選択の自由」がある。

第 8 章

新しい目で見て、新しい耳で聞く

真に聞くというのはたやすいことではない。言葉は聞こえていても、落ち着いて耳をすまし、耳とともに目を細めて、感情や恐れ、根底にある懸念を聞き取ろうとすることはめったにない

ケヴィン・キャッシュマン

会話は、ジョゼフとのセッションを始めて以来、私を悩ませていた質問で始まった。私が口火を切ったのだ。

「おそらくこれはただの希望的観測なのですが、問題の内容を考えると、『批判する人』は道を譲って……」

ジョゼフは手を上げて、私の言葉を制止し、こう答えた。

「思いだしてほしい、時折『批判する人』になってしまうことを避けるなんてだれにもできない。それが人間というものだ。そして、その人間らしさとは闘争反応の一部であり、以前に説明したように扁桃体から生まれるものだ。

とはいえ、**自分自身の一部をただ受け入れるだけで、『批判する人』から抜け出せる。**大切なことは、『クエスチョン・シンキング』で提供する新しい情報によって扁桃体の反応は変えられると理解することだ。

『批判する人』は問題ではない。問題は、『批判する人』との関わり方だ。それがすべての違いを生みだす。

それはこんなふうにシンプルに表現できる。

『批判する人』――スイッチ――『学ぶ人』。

だが、**受け入れることから始めないと、だれだってうまくいかない**」

「うーん、意味がわかりません。自分の一部であるものからどうやって抜け出すというんです？」

「矛盾しているように聞こえるだろう？」とジョゼフは言った。

「だが可能なんだよ。ただ受け入れるだけで、変化が可能になる。著名な心理学者のカール・ユングはこう言っている。


『受け入れるまでは何も変えることはできない』


とはいえ、なかなか難しいことだ。とくに『批判する人』が耳元で囁きつづけているあいだはね。アレクサは、夫のスタンの画期的な成功についてきみに話したかい？」

「少し聞いたことはあります。あなたのおかげで、彼は相当額をもうけたとか」

「スタンはその話をたいそう誇りに思っているんだ。彼はこのクエスチョン・シンキングのツールを使って、〝殿堂〟入りをした。スタンは投資の仕事に携わっている。彼自身のなかの『批判する人』を受け入れたことで、かなりの利益が彼に舞い込んだんだよ！

数年前まで、スタンはとても批判的な男で、正しくあることにこだわるあまり身動きできない状態だった。彼自身はそんなふうに思ってはいなかったが、まわりの人たちの多くはそう思っていた。だれかともめ事を起こしたり、だれかのよくない噂を聞いたりすると、ただちにその人を悪者扱いしてしまっていたからだ。彼は思いこみや自説に執着し、数々のビジネスチャンスをふいにしていた。そんなときでさえ彼は、リスクを最小限に抑えるためだと言っては、自分の行為を正当化した。

一度、スタンは有望な新会社に巨額の投資をしたことがあった。一年後、その会社は大きな金融不祥事に絡んだ会社から新たにＣＥＯを迎えた。

スタンの怒りのスイッチが入った。その人物自体は不祥事とは無関係だったにもかかわらず、スタンは火のないところに煙は立たないと言い張った。彼は投資していた金をいまにも引き揚げようとしていた。もちろん彼も莫大な損失を抱えてしまうというのに。

彼だってかなりの葛藤を抱えていた。その会社は、新たに雇ったＣＥＯ以外すべてが健全だと思われたからだ。

ちょうどそのころ、私たち夫婦とスタンとアレクサがディナーの席で、『学ぶ人／批判する人』を話題にしたことがあった。アレクサはスタンの投資にまつわるジレンマに触れ、スタンに自分の思いこみに疑問をもち、『スイッチング・クエスチョン』を使って自分の決断を評価するようすすめた。

彼女は、『A—B—C—Dの選択プロセス』をこの問題に適用してはどうかと言った。最初、スタンは抵抗していたが、そのうちにやってみると言ってくれた。最後には、それがもたらす大きな変化に驚いていた。『A—B—C—Dの選択プロセス』がどんな働きをするかは、ここにまとめたとおりだ」

そう言って、ジョゼフが部屋の向こう側のモニターのスイッチを入れると、表が現れた(図6参照)。

ジョゼフは彼の話を続けるまえに、この内容を理解する時間をくれた。それから、各ステップに章のような見出しを付け、それぞれのステップを丁寧に説明してくれた。

「A：Aware……気づき。

『私は『批判する人』になっているのだろうか？』

スタンはこの質問をとてもおもしろがった。『批判する人』の特徴を説明すると、驚いたことに、スタンは私たちが説明した特徴の大部分が自分にあてはまると認めたんだ。彼の反応は私たちを驚かせた。『「批判する人」になるのは、私の得意技だよ！』という彼のその言葉に、一同大笑いしたが、彼が自分の行動を以前より真摯に見つめだしたことにみな気づいていた。

B：Breathe……深呼吸。

『私は一歩退いて立ち止まり、深呼吸をし、この状況をもっと客観的に見る必要があるのではないか？』

スタンはこの質問ににっこりとし、実際に深呼吸をしてから少し間をおくと、『自分は客観的とはとうてい言えない』と認め、大きな金額がかかっているからなおさらだとも付け加えた。

スタンは新しいCEOと話をしたこともないのに信用する気すらなかったからね。

C：Curiosity……好奇心。

『なにが実際に起こっているのだろう？』

『事実はいったいどういうことなのだろう？』

『私はなにを見落としている、あるいは避けているのだろう？』

私たちはスタンに、客観的な情報を集めるためになにかやったのかと尋ねた。責任ある判断をくだすために必要なものをすべてもっているのか、と。

スタンは、新会社が新たに雇った人物の噂に対し嫌悪感をぬぐいきれないと認めた。し

図6

A－B－C－Dの選択プロセス

Aware 気づき

私は「批判する人」になっているのだろうか？
これはうまくいっているだろうか？

Breathe 深呼吸

身体は私になにを教えてくれているのだろうか？ 私は
一歩退いて立ち止まり、深呼吸する必要があるのでは？

Curiosity 好奇心

なにが実際に起こっているのだろう？
私はなにを見落としているのだろうか？

Decide 決断

私はどんな決断をすればいいのだろう？
私はなにを選べばいいのだろう？

かも噂の真偽も確かめず、事実確認もまったくしていないと認めたんだ。それが彼の目を開かせるきっかけになった。

D：Decide……決断。

『私はどんな決断をすればいいのだろう？』

『私はなにを選べばいいのだろう？』

その時点で、スタンは賢明な選択をするために必要な情報をすべてもっているわけではないことに気づいた。しかも、高額な投資をしていたのだから、彼には自分に対して事態を確認する義務があった。

一カ月後、スタンが私に電話をかけてきて、情報を集めてみたところ、新しく着任したCEOは他人の不祥事に巻き込まれただけで、彼自身は立派な人物だということがわかったと話してくれた。

スタンに自分の思いこみを精査し、新しいCEOに心を開かせてくれたのは、**自分が『批判する人』になっているという気づきとそれを受け入れたことだった。**

結局、彼は投資した金をそのまま残しておき、その会社は二年後に株式を公開して、彼はひともうけできたというわけだ。

『批判する人』でいつづけることの代償がどれほど大きいかを知った彼は、今ではつねに『A—B—C—Dの選択プロセス』を実行している。

スタンは『これらの質問を自分の脳に組みこんだんだよ』なんて冗談を言うほどになったくらいだ。彼が自分自身のなかの『批判する人』である部分を観察し、受け入れることができずにいたら、こんなことはとうてい起こらなかっただろう。

このABCDプロセスを利用するには、まず気づき、受け入れるところから始めて、徐々に組み立てていく必要があるんだ。

きみがもし今スタンと会ったら、彼が今でも自説を曲げない批判的な人間だと気づくだろう。スタンは自分のそういうところをよくわかっていて、今じゃそれを受け入れている。自分のなかの『批判する人』を笑いにしているぐらいだが、意思決定の際にそのせいで目がくらむということはない。ABCDプロセスのおかげだ」

「すごい話ですね！」

「スタンが投資でひともうけし、サラがようやく減量に成功したという事実について考えてみてほしい。彼らが『批判する人』のまま時間を無駄にしつづけ、自分の判断は正しいと考えつづけていたら、彼らの望む変化を起こせてなかっただろう」

「素晴らしい話ですね。ですが、少し引っかかる点があります。『学ぶ人』というのは少し優しすぎる存在にみえます。リーダーは、時に強くてタフで決断力がなければいけません。私の役割であるリーダーと『学ぶ人』はあまり相容れないものがあるように思います。どうすればいいでしょうか？　もっと『学ぶ人』らしくなれば、なんとかなるでしょうか？」

「アレクサはどうかな？」とジョゼフは質問で返してきた。

「彼女は難しい決断をどうしている？」

私は、アレクサがこれまでにくだした、自分なら避けて通りたいような難しい決断をいくつか思い返していた。アレクサはそういう状況になればしっかりやるのだろうが、部下になにかを要求するときでさえ、部下がみな彼女から尊重されていると感じるやり方をとっている。ジョゼフが続けた。

「**『学ぶ人のタフさ』と『批判する人のタフさ』には重大な違いがある。どちらの立場でも仕事をこなすことはできる。けれども、『学ぶ人のリーダー』が見せるタフさは、協調性やリスクを厭わない姿勢のほかに、信頼や忠誠心、敬意を築くたぐいのものだ。**『批判する人のリーダー』は、まわりの人とのあいだに恐怖や不信感、対立を生みがちだ。

短期的に見ればそれほど損失はないようでも、長期的に見ればほぼ確実に大きな損失を生む」

ジョゼフは私のリーダーシップスタイルや悪夢のようなチームのことを言っているのだろうか？　私は「学ぶ人」について私が悩んでいることをききたかった。

「『学ぶ人』が事態を減速させることはないのですか？　仕事にはプレッシャーや締め切りが次々と訪れます。やらなければならないことが多すぎるし、それらがあまりに速く発生するので、私は時折ふらつきそうになります。

もし私がつねに『学ぶ人』でいなければならないなら、いつまでたっても仕事は片付かないのではありませんか？

つまりこれまで以上に遅れが出るんじゃないでしょうか？」

「きみが大慌てで事に当たった場合、ミスをしたり、自分や他人を責めたり、すべてやり直しになったりしたことが何度あったかな？　どれだけ余計な時間を取られたかな？

急いでいると、他人にイライラしたり、失礼な態度を取ったりして、その後相手があまり話しかけてこなくなったと気づくことが何度あっただろう？

時間においても結果においてもどれだけの犠牲を払ったかな？

まわりの人をそんなふうに扱った際に、どれだけ彼らの忠誠心を失ったかな？」

私はただジョゼフを見つめていた。私は一週間に五日、まる一日中オフィスで彼に観察されているような気分になった。ジョゼフは付け加えた。

「これは、『批判する人』が職場を支配している際に起こることだよ。

一方で、私は〝クエスチョン・シンキングの殿堂〟入りしている人たちから、『学ぶ人』が時間の節約や生産性の向上におおいに役立っているという話を何度も何度も聞いた。

そのうちのひとりは、スピードと効率はまったく別物だと話している」

「たしかに自分自身のなかの『批判する人』を認め、それを受け入れ、『学ぶ人』へとスイッチし、『学ぶ人』の立場で行動する、それができれば人生はずいぶんシンプルなものになりそうですね」

「そうとも！　それこそが、『クエスチョン・シンキング』の究極的なゴールであり、私が好んで『学ぶ人の生き方』と呼ぶものなんだ。

もし人々がこれを実践したら、仕事はどんなふうになるか想像してごらん。きみは『学ぶ人の文化』をもつだろう。『学ぶ人の組織』をもつとも言えるだろう。

きみのチームはどうだろう、ベン？　きみはたいそうチームの不満をこぼしていたよね。彼らはほとんどの時間を『批判する人』でいるのか、『学ぶ人』でいるのか？

チームや組織はリーダーの気分や振る舞いに染まりがちだと知っているだろう。もしきみが『学ぶ人』でいるなら、チームのリーダーとして、きみが出す結果は向上するだけだ。練習としてわれわれが話し合ってきたものを考えてごらん。ヨガやマインドフルネス、瞑想の練習をするように。練習をすればするほど、うまくできるようになる。

私のクライアントのひとりはこう表現している。

『**この練習が脳の配線をし直してくれる**』

そのとおりだと思う。すぐに、きみは新しい目で見て、新しい耳で聞くようになるんだ」

ジョゼフは腕時計に目をやった。

「ずいぶん長い時間話していたね。少し休憩して、次のステップへ進むか、あるいは次回にまわしてもいい。きみはどうしたい？」

私は悩んだ。ここまで学んだことを整理する時間も必要だった。

だが率直に言えば、ジョゼフの話の続きを聞きたくてしかたがなかった。

まもなくチャールズと——そしてグレースとも——交わすであろう会話にきっと役立つはずだ。決断には、ほんのわずかな時間しかかからなかった。

「OK、がんばって続けましょう」

まとめ
第8章

- 受け入れるまでは、
何も変えることはできない。

- 「A—B—C—Dの選択プロセス」
（気づき—深呼吸—好奇心—決断）
を活用する。

- 自分のなかの「批判する人」を受け入れ、
「学ぶ人」へとスイッチし、
「学ぶ人」の立場で行動する。

第 9 章

「学ぶ人のチーム」と「批判する人のチーム」

私たちを分かつのは
私たち自身の違いではない。
私たちを分かつのは
互いに対する判断だ

マーガレット・J・ウィートリー

休憩のあいだ、私はKB社での仕事を思いだしていた。それはQテック社での経験とまるで違っていた。KB社ではほとんどの時間、私は「学ぶ人」でいられたように思う。

私は研究技師として、そして技術責任者として、仕事のほとんどはひとりで行い、研究成果をチームに報告し、質問を受け、回答を返すというスタイルだった。「学ぶ人」でいることはたやすいことだった。

一方、Qテック社では、あまり認めたくないほど頻繁に「批判する人」になっていたのは明らかだろう。社内のどこを見渡してもうまくいっていなかったり、だれかがミスをしていたりするような状況だ。どうすれば「批判する人」になるのを避けられたというのか？

ジョゼフとのセッションが再開し、私はためらいながらも休憩中に考えていたことを話し、正直な心のうちを吐露した。

「私はここからどこへ向かえばいいのかわからないんです」

「その質問に答えるために、ある民話を紹介しよう。神話学者のジョゼフ・キャンベルについては聞いたことがあるだろう？　彼はあらゆる状況にぴったり合ったストーリーを考え出すことで有名なんだ。

ある農夫が畑で働いていたところ、鋤(すき)が土中のなにかにひっかかり、取れなくなった。

農夫は引き抜こうとしたが、鋤はまったく動かない。農夫は短気な男だったので、最初の反応として当然『批判する人』になった。

岩かなにかが鋤先をつぶしてしまったのか？　彼は悪態をつきながら、鋤を取り出すためにまわりを掘りはじめた。地面から一五センチほど掘ったところで、鋤がひっかかっていたものがわかった。驚いたことに、鉄の輪だった。

鋤を取り出すと、なんだか鉄の輪に好奇心が湧いてきた。泥を払い、輪を引っぱってみた。すると出てきたのは宝石箱だったのだ。中には日の光を受けて輝く財宝があった。

このストーリーはこんなことを教えてくれている。大きな障害に直面すると、自身の偉大な力や可能性を見つけられることも多いが、ときに見つけ出すために地面を深く掘るような労苦が必要になる。キャンベルはそれをこんなフレーズで表現している。

『つまずいたところに宝が見つかる』。

宝を見つけだすには、自身にこんな質問を向けてみるとよい。

『なにが見つかるだろう？』

『これまでなにに気がついてなかったのだろう？』

『ここで価値があるのはなんだろう？』

つまずいたところに宝が見つかる。

――ジョゼフ・キャンベル

「それは素晴らしい話かもしれませんね。でも、この話が私にとってどう役に立つのかがわかりません。私が直面するこの面倒な事態のどこに宝が隠れているんです？」

ジョゼフは私の挑戦を難なく受けて立った。

「少し掘り下げてみてはどうだろう。手始めに、きみのマインドセットや質問がまわりの人たちにどんな影響を与えているか見てみよう。たとえば、きみはチームのメンバーといるとき、どのぐらいの頻度で『批判する人』になっているのかな？」

「正直に言うなら、最近ではミーティングのたびですね」

「では、チームのメンバーとのコミュニケーションはどうかね？」

「コミュニケーション？　笑わせないでください。うちのチームのミーティングがどんなにひどいものか話したはずですよ。私がミーティングを招集しても、だれもたいした提案をしない。メンバーはなにもしないで座ったまま、私が指示を出すのを待っている。しょうがないから私が話しだすと、チャールズが際限なく質問を浴びせてくる。私がなにを言おうと関係ない、彼はなんにでも異議を唱えるんです」

「自分をキャンベルの話に出てきた農夫だと考えてみてほしい。きみはチームのメンバーといるとき、鋤が抜けなくなったと悪態をついていないかな？　あるいは鉄の輪という宝物への扉を見つけて、好奇心が湧いているかな？

だれの責任かを探っているのかな？　それともなにがうまくいっていて、どんなことが可能かを探っているのかな？

きみはこんな質問をしているかな？

『私が正しい答をもっていると、どうしたら彼らに示せるだろう？』

それとも、こんな質問をしているかな？

『私たちは一緒になにを見つけられるのだろう、なにを成し遂げられるだろう？』

『彼らは、私には考えもつかなかったどんな貢献をしてくれるだろう？』」

自分がいつもどんな質問をしていたかははっきりしないが、ジョゼフが言ったようなものでないように思えた。

「ヒントをもらえませんか」

「OK。アレクサとの会議に出たことはあるだろう、対面であれリモートであれ。彼女はどんなふうにミーティングを進めている？　彼女はなにを言っている？　なにをしている？　彼女のミーティングはきみにどんな影響を与えているかな？」

「私はアレクサのミーティングに出るのが楽しみなんです。彼女のミーティングに出ると元気が出ます。なんとしてでも参加したい、そんな気分です。終わるころには、実現したいアイデアが頭に浮かんでいます。ですが、彼女がミーティングでなにをやっているかは……あまりよくわかりません」

そんな言葉が口をついた瞬間、ハッと気がついた。

「アレクサは質問をしています。彼女のミーティングは質問だらけです。でも、尋問型の質問ではありません。メンバーの関心や好奇心をかき立てるものです。アレクサの質問は『学ぶ人の質問』です。私たちの意欲をかき立て、ときには新しい道へ進むためのインスピレーションを与えてくれるのです」

ジョゼフは椅子の背にもたれていたが、すぐに熱のこもった様子で身を乗り出した。

「アレクサの質問で、チームに貢献できるようベストを尽くそうと意欲をかき立てられるんだね。彼女は『批判する人』を取り除き、『学ぶ人』で働くためのインスピレーションを与えてくれる。

アレクサは好んでこのフレーズを使っていた。〝『学ぶ人』は『学ぶ人』を生む、『批判する人』は『批判する人』を生む〟。彼女は『学ぶ人のリーダー』だ」

『学ぶ人』は『学ぶ人』を生む、
『批判する人』は『批判する人』を生む。

ジョゼフは少し間をおき、私に尋ねた。

「アレクサの質問はきみの質問とどう違うのかな？ きみのミーティングでは、どの瞬間にどんな経験を生みだしたいのかな？」

「彼女には彼女のスタイルがあり、私には私のスタイルがあります」

やや弁解ぎみに、私はそう言った。

「きみは質問をしているかい？」

「ええ、メンバーに尋ねますよ。直接話しかけるだけでなく、メールやテキストでも尋ねます。前回のミーティングのあとなにができたかってね。あるいは、なにができなかったか。最近はこちらに近いですね。返事が返ってくることはめったになく、頭にきますよ」

「チームのメンバーが答えているとき、きみはどんなふうに聞いている？　どんなふうに反応する？」

「さまざまです。よい答なら書き留めておくこともあります。でも最近では、ミーティングが終わっても、メモは真っ白なままです」

「きみにとって人の話を聞くというのはどういうものかな？」

「たいていの場合、イライラして我慢ならなくなります。とくに相手の答が問題の解決からほど遠い場合、あるいはそれが私の案に沿っていない場合ですね。だれも関心をもっていないんだなという印象を受けます」

「そういう状態で、きみは同僚に対してどんな態度をとっているのかな？　きみはたいてい『学ぶ人』だろうか、それとも『批判する人』だろうか？」

「当然、『批判する人』でしょう！　だけど、だれひとりとしてこれっぽっちも貢献していない……彼らがせめて……」

ジョゼフは片手を上げ、制止した。

「おいおい、ちょっと待ってくれ。きみはチームといるとき、どうも『批判する人の質問』

で考えているようだね。たとえばこんな質問だよ。

『彼らはまたしくじるのか？』

『今度はどんなかたちでがっかりさせられるのか？』」

「たしかに、私の質問はそんな感じです。ほかになにを尋ねろと……」

　私はふとそこでやめた。

「おっと、例の〝鉄の輪〟につまずいてしまいましたね」

「そのとおりだ。まさにあの農夫のように、きみはすぐに『批判する人』になる――

まあ、自然な反応だがね。だから、農夫がそのあとやったようにやればいいんだよ。**まずは好奇心をもつ。そして尋ねる。『ここでなにが起きているのだろう？』**。**それからチームについて考えて、今度はチームとともに『学ぶ人の道』をたどる**」

「チームとともに『学ぶ人の道』をたどる？　どうすればいいのでしょう？」

「**まずは、『学ぶ人の耳』で彼らの話を聞きなさい。チームとのミーティングのまえには、自分自身をリセットして『学ぶ人のマインドセット』でいなさい**。そして、アレクサがやっているタイプの質問をしなさい。こんなふうにね。

『私は各チームメンバーのなにを評価しているだろう？』

『彼らの最大の強みはなんだろう？』

『彼らがもっと生産的に協力し合えるよう、私にどんな手助けができるだろう？』

『どうすれば私たちは一緒に『学ぶ人の道』にいつづけられるだろう？』

こうした『学ぶ人の質問』がミーティングの場ですべてを変えていくのを、きみは見ることになるよ。アレクサの質問は『学ぶ人の環境』を作りだしている。

アレクサの質問は、きみも含めてみなが我慢強く関心をもちながら、より敬意をもって人の話を聞くように促している。**『学ぶ人の質問』によって、われわれはだれが正しいか間違っているかを判断するよりも、相手を理解するために話を聞くようになる。**

そうなれば、メンバーが難題に直面している場合でも、**だれもが関心をもち、安心してリスクを取れるようになり、本格的に参加できるようになる**」

「それが、私をトラブルに巻き込んでいる厳しい難題なんですよ。私たちは大きな問題を抱えているのに、だれも意見を言おうともしないし、ましてやその問題を引き受けようともしない。そのうえ、私たちが必ずしも同意していない多くの決定事項があるんです。私たちがこの衝突をうまく切り抜けて、向こう側へたどり着けるとは思えません。

私がイライラして、うまくいかないと感じてしまうのはこんなときですよ。私は自分が『批判する人の落とし穴』に真っ逆さまに落ちていくように思ってしまうんです」

「チームと一緒にいる場合も含めて、たとえきみが純粋な『学ぶ人』になれなくても、どんな瞬間でも自分の注意をどこに向けるかは選ぶことはできる。『批判する人』に向けた注意は、『学ぶ人』には向けられない。**『批判する人』であることを受け入れ、『学ぶ人』のやり方を実践する。**

この言葉をきみの頭に刻み込んでほしい。それは個人にとって重要であるのと同様に、チームにとっても重要なことなんだ」

『批判する人』であることを受け入れ、
『学ぶ人』のやり方を実践する。
それは個人にとって重要であるのと同様に、
チームにとっても重要なことだ！

「それこそがアレクサのミーティングが素晴らしい理由なんですね」

そう言いながら、私はアレクサのミーティングを回顧していた。

「それがあなたの言う『学ぶ人』の環境なんですね。私はいつも彼女が十分注意を払ってくれているという感覚がありました。アレクサが『批判する人』になるとしても、それはごく短い時間でしょう」

突然、なにかが見えてきた。

「アレクサがやっていたのは、どれも『学ぶ人』の質問でした。しかもその数が多い。彼女は質問をする立場でも、だれが話すことでも深くかつ寛大な心で聞く立場でも、ほぼ満点なんです。だからこそ、彼女は『質問好きなリーダー』と呼ばれているんですね」

「それだよ。アレクサはだれが話すことにも心から関心をもち、そしてもちろん純粋な好奇心を抱く。**アレクサは『学ぶ人の質問』をしているだけでなく、『学ぶ人の耳』で聞いているんだ。**アレクサは次のような質問をすることで、聞くことに集中している。

『ここではなにが有益だろう?』

『このコメントから、なにを学ぶべきだろう?』

『これは私たちが取り組んでいることにどのように貢献するだろう?』

アレクサが人の話を聞きながら行っている質問のおかげで、彼女のチームはすばやく『学ぶ人のチーム』に変わっている。彼女は宝物が見つかると期待し、それを探している。なぜなら、彼女は何度もそれを見つけているからだ。

『選択の地図』は、チームでも役立つのだ。

もう一度地図をよくみてほしい。

これまではこれを、個人がどう考え、どう振る舞い、どう人と関わるかを導くためのガイドと考えてきた。今からそれをチームのためのガイドと考えてみよう。『学ぶ人のチーム』はたいてい業績がよく高成長が望め（ハイパフォーマンス・チーム）、『批判する人のチーム』はたいてい業績が悪く成長が望めない（ローパフォーマンス・チーム）。

なにがハイパフォーマンス・チームとローパフォーマンス・チームを分けているかを調査したリサーチがあるんだが、きみはどんな結果が出たと思う？」

私のなかに知りたくない自分と、興味津々の自分がいた。だが、私はジョゼフの質問の答を推測しないことにして、こう返した。

「わかりません、どんな結果でしょう？」

「まず最初に、ハイパフォーマンス・チームはローパフォーマンス・チームよりも、よりポジティブな感情をもっている。まあ、それは驚くようなことじゃない。

だけど私が意味深いと思ったのは、ローパフォーマンス・チームは探究心が低い――つまり、質問の頻度が低い。さらに擁護が活発――つまり、特定の立場を強く押しつけ、ほかの人の話を聞こうとしないんだ」

「結論としては、業績を上げたければ、『学ぶ人』に焦点を合わせなさいってことですね」

「そうだ。だけど、まだあるんだ。そのリサーチによると、ハイパフォーマンス・チームは一貫して探究と擁護のバランスがいい。つまり、厳しい質問が自由にでき、純粋に開かれた議論ができる。そういうチームには論争も衝突もあるが、その雰囲気は本質的に『学ぶ人』のままだ」

「それはまさにアレクサのミーティングで起こっていることですね！　素晴らしい！」

「それをアレクサは『学ぶ人同盟』と呼んでいる。チームのメンバーが協力し合って、『学ぶ人の道』にいつづける状態のことだ。

これは、チームのメンバーがみな『批判する人』になり、最後には私が『批判する人のスタンドオフ（一人ひとりが離れて立っている状態）』と呼ぶ状態になってしまうケースとは正反対のものだ。『批判する人のスタンドオフ』では、各メンバーが自分の意見を守り通そうとし、それぞれ自分が唯一正しいと信じきっている。

彼らは他人のアイデアが耳に入らない。みんなそろって『批判する人の監獄』に入っているようなものだ。なにも成し得ないし、だれもが別のだれかを非難している。『批判する人』がチームを支配した場合、現実にこんな犠牲が払われるということだ」

チームのメンバーが協力し合って、『学ぶ人の道』にいつづける状態、それが『学ぶ人同盟』だ。

私は「選択の地図」を頭に描いてみた。アレクサのチームが楽しそうに「学ぶ人の道」を駆けていくのがはっきりと目に浮かぶ。

彼らは「学ぶ人の質問」によって旅に出たのだ。彼らの意識は新しい解決策や可能性へと思いのままに向けられている。アレクサのチームは確実にハイパフォーマンス・チームとみなされる。

ならば私のチームはどうだ？　メンバーの大半は「批判する人の落とし穴」の泥沼でもがいている。そして、彼らをそこに突き落としたのはきっと私だろう――。認めたくはなかったが、彼らといるほとんどの時間、私は「批判する人のリーダー」だった。

だけど、その事実を受け入れることが、彼らを落とし穴から救い出す唯一の方法なのだ。

「私はアレクサと正反対です……。彼女はほとんど無意識のうちにバランスのとれた『学ぶ人の環境』を作っているように思えます」

「彼女はわれわれにとって『学ぶ人の生き方』のモデルのような存在だ。だが、アレクサだっていつもそうじゃないってことは覚えておくといい。彼女だってほとんどの人と同じように、最初のうちは知らず知らずのうちに『批判する人』の傾向が出ていた。**流れを変えて、より自然に『学ぶ人』になるには、たいてい努力と意思が必要だ。**

やり方がわからないことを習得する際は、意図的に訓練する必要があるよね。車の運転やＰＣの操作、自転車の乗り方、こういったことと同じで、最初は細心の注意が必要だ。だが、すぐにそれは無意識の習性になる」

「取り入れたいことがたくさんありますね。最初にここを訪ねたとき、正直、私は手っ取り早い解決策を求めていました。でも、あなたの教えはもっと大きなことですね」

ジョゼフがうなずいた。

「人は実際どのくらいアドバイスを聞いているんだろうね？」

「私はアドバイスを聞かないことにかけてはプロ級ですよ」

「みんなそうじゃないかな？　**よいコーチはアドバイスをしない。その代わり効果的な質問をする。そうすれば、自分でベストな回答を見つけだせるとわかっているからね。**たいていの人は、自分が自分自身にするアドバイスに耳を傾け、それに従って行動するものだ。だが、ベン、きみには示唆的な提案がある。聞きたいかい？」

そう言って、ジョゼフは一瞬トレードマークのいたずらっぽい笑みを見せた。

「もちろん！」

私がそう言うと、二人とも笑いだした。

「アレクサは、今きみと私が取り組んでいることの素晴らしいモデルなんだ。彼女は、きみが成果を出すためにこれまで乗り越えてきたことを、たくさん経験してきた。次に彼女と会ったら、その経験を話してくれるよう頼んでみるといい。きっと喜んで話してくれるだろう。

ほかにもある。アレクサは、彼女が『Qストーミング』と名付けた、素晴らしい『クエスチョン・シンキング』の演習方法を考え出した。これはある種のブレーンストーミングのようなものだが、それとの違いは、答やアイデアではなく新たな質問を探し出すところにある。『Qストーミング』についても説明してほしいと頼んでみるといい。ユーザーガイドにはそれに関するツールも載っている。アレクサは『Qストーミング』を、彼女自身の成功に大きく影響したと考えている」

なんだかひどく興味を引かれる。それに期待がもてる。

そこで、ジョゼフと私のその日のセッションは終わった。

数分後、私はビルを出て、公園を抜けて広々としたグラウンドに出た。そこでは、ひとりの少年が年下の男の子に自転車の乗り方を教えていた。私は足を止めてそれをながめた。何度も転んだり落ちそうになったりしていたが、二人は楽しそうだった。男の子がへまをやって地面に転げ落ち、やけになってわめく声に、その少年の励ます声。男の子が転ぶたびに少年は駆け寄り、助け起こしてもう一度やってみるよう力づけていた。

やがて男の子はコツをつかんだ。十五メートルほど自転車で進むのを、少年が歓声をあげながらあとを追いかけている。

ふと気づくと、私はこんなことを考えていた。

「どうして大人はいやになるほど人と張り合うのだろう？」

「なぜ大人は非協力的で、相手に恥をかかせようとするのだろう？」

「どうして私はチャールズのような人間に我慢しなければいけないのだろう？」

なんだかふいに腹が立ってきた。私は振り返って最後にもう一度少年たちの姿を見てから、車に乗った。

二人は自転車のかたわらで笑い合っている。二人の表情が私にすべてを教えてくれた。自転車に乗れるようになった男の子の顔は、新しいことを成し遂げた興奮に輝いていた。あんなふうに励まされ、助けられ、支えられれば、だれだって〝やったぞ！〟という反応になる。私だって顔を輝かせてしまう。私はイグニッションキーに手を伸ばして考えた。

うちのチームもあの少年たちのように協力し合えないだろうか？

そうなったら、なんて素晴らしいだろう！　いったいどんなことが起きるだろうか？チームのメンバーそれぞれが、何度も何度も〝やったぞ！〟な体験を味わえるだろう。

そのとき、今までになかったことを自分がやっていることに気がついた。

私は「批判する人の質問」を「学ぶ人の質問」にスイッチしたのだ。

うん、悪くない。興奮で震えるような感覚が身体を走った。〝やったぞ！〟の喜びを経験できるのは、あの少年たちだけではないはずだ。

私はジョゼフにこの話を聞かせたくてうずうずしていた。そこであることに思い至った。**アレクサを見習って、私が「学ぶ人のリーダー」になれば、チームを「学ぶ人のチーム」に変えられるんじゃないかということに。**

さすが〝質問好きなコーチ〟だ！　ほかにもジョゼフからもっともっと学びたい。キャリアを救うのは今からでもまだ遅くない。

私は真の希望を感じはじめていた。

第9章 まとめ

- つまずいたところに、本当の宝が見つかる。
- 宝を見つけだせるかどうかは、「学ぶ人」と「批判する人」のどちらの、マインドセットにあるか、どちらの質問を投げかけるかによって決まる。
- 「学ぶ人のリーダー」になればチームを「学ぶ人のチーム」に変えられる。

第 10 章

思考と行動を変える究極の質問とは？

あるマインドセットになれば、
新しい世界に出会える

キャロル・S・ドゥエック

数日後、朝食をとりながら、グレースがジェニファーに起きたことを話してくれた。ジェニファーとは、グレースが職場で手を焼いているアシスタントの女性だ。

「私、一日中デスクに『選択の地図』を置いていたの。『学ぶ人』の質問が二つ、私の頭に浮かび続けていたわ。

『**私はなにを求めているの？　私のために、ほかの人たちのために、この状況のために**』

『**どんな選択肢があるかしら？**』

この質問をジェニファーにあてはめてみたら、私は彼女にもっと良識を働かせて、率先してものごとにあたってほしいと思っていることに気がついたわ。

そこで新しい質問を試してみた。自分にこう尋ねたの。

『**どうしてジェニファーには、こんなにも私の指示が必要なの？**』

私にはその答がわからなかった。でも、それに気づいて、がぜん好奇心が湧いてきたの。

彼女は自分で行動するのが怖いのかしら？　それとも、失敗したら私に解雇されると心配しているのかしら？　私の評価以上に彼女には取り柄があるのかも、とも考えたわ。

そこで、次にジェニファーが私にアドバイスを求めに来たとき、私はただ指示を与えるのではなく、質問をしてみたの。まさに好奇心に駆られてね。

『**あなたがボスだったら、この問題をどうやって解決する？**』

このたったひとつの質問で、とても実りある会話が私たちのあいだで始まったのよ。ジェニファーはたしかに私を恐れていたと打ち明けたわ。私の期待どおりにできなければ、解雇されると思っていたんですって。似たようなことが前のボスのときにあったみたいで。

そんな会話が二人のすべてを変えたわ。もう不安はなくなって、彼女は自分で判断して、率先して動くようになった。自分自身の問題を解決する良いアイデアを考え出すようにもなった。彼女が自分に満足しているのは明らかだったわ。

私は彼女を祝福したし、オープンなコミュニケーションができるようになって、すごく喜んでいるということも彼女に伝えた。

私はほんとに驚いて……うれしかった。ねえ、知ってる？『学ぶ人の質問』をしていると、とてもいい気分で一日を終えられるの。

今になって気づいたわ。私はジェニファーに対してフェアじゃなかったことに。彼女は無能だから質問ばかりするんだと、決めてかかっていた。

ほんとは無能なんかじゃなかった。ただ私といると、安心できなかっただけね。

彼女は自分で行動するまえに私にすべてをチェックしてもらわないといけない、そうしないとリスクを取ることになると信じこんでいたのよ。そのせいで、彼女には創造的になれる余裕も、率先してなにかをやるといった余裕もなくなっていたのよ」

グレースが話をしているあいだ、ジョゼフのアイデアを活用して私がどんな結果を得たか、尋ねないでくれて内心ほっとしていた。

私の考え方に変化が起きていたし、多少なりとも希望がもてる状況にはなったものの、まだ成果として示せるものはなかったからだ。チームもまだ悪夢状態のままだった。

家を出たときには、すでに二〇分以上遅れていた。しかも高速道路の車の流れは停滞していた。渋滞にはまってしまったようだ。

なんてことだ！　私は半狂乱になっていた。「批判する人のマインドセット」が動きだしたことに気づきもしなかった。ともかく、すぐには気づけなかった。

やがて私は歯を食いしばりつつ近くの駐車場に車を入れ、スマホを取りだしてメッセージをチェックした。秘書が連絡事項をいくつか残していた。だが、私のストレスを軽減するものはなにひとつなかった。

アレクサとの午前のミーティングも、チャールズとの午後のミーティングも気になっていた。どちらの準備もできておらず、とくに後者の準備はまったくできていなかった。

私はイライラしてハンドルをたたき、「街の真ん中でガス欠を起こすようなばか野郎が！一日をめちゃくちゃにしやがって！」とかなんとかぶつぶつ文句を言った。

このまま車が動きださなければ、私の頭は爆発しそうだった。

電気の刺激がすべての筋肉を撃ち抜いたかのように、緊張が身体中に広がった。この感覚にはとてもなじみがある。まるで闘争か逃走、可能ならその両方の準備をするかのように、脚や背中の筋肉が緊張していくのがわかった。

私はふとそこで悪態をつくのをやめた。

「ベン、きみは完全に『批判する人』になっているよ」

自分に向けたその声は、アイドリングエンジンの音でかき消された。そして、そんな自分を、実際に声に出して笑っていた。

救助のための自己観察だ！「批判する人」は本当にこんな不快な身体症状を生みだせるのか？私のイライラや怒りに満ちた考えを助長できるものなのか？

混乱しているのは、私の頭のなかだけではなかった。たしかに、「批判する人」が私の身体の各部に影響を与えたことには微塵の疑いもなかった。

ちょうどそのときサイレンの音が聞こえ、救急車がスピードを上げて緊急車線を通り過ぎていった。事故だ！私は道路情報を聞こうとラジオをつけた。二人が重傷のようだ。事故を起こした人が無事だといいのだが……。

事故の被害者のことを気づかっていたら、さっきまでのストレスが少し和らいでいることに気がついた。

私はどうしてしまったんだろう？　自分の頭のなかで作り上げたストーリーにあんなにイライラするなんて。

自分の考えたことをなんでもかんでも信じてはいけない！

一〇分後、まだ車は動きそうもなく、私はまたもやイライラやストレスを感じはじめていた。チャールズとのミーティングに関する不安がいきなり割り込んできた。いろいろな思いが頭のなかを駆け巡り、彼への長年のいらだちがそれを焚きつけていた。

これには確実に助けが必要だった。

ジョゼフなら私になんと言うだろう？　頭のなかで彼の声を聞きながら、自分の質問を変えることがいかに重要かを思い出していた。

昨日ジョゼフからは、**私がここまで学んできたことをテストする現実の状況を見つけなさいと言われていた。「批判する人」による乗っ取りから復帰するヒントになるからと。**

午後のチャールズとのミーティングは、正真正銘の現実だ。だが、どんな質問をすれば、グレースが「批判する人の頭」と呼ぶ状態から抜けだすのに役立つのだろう？

どんな「学ぶ人の質問」なら、チャールズの件に有効だろう？　私は自分に向けた質問によってすでにスイッチング・レーンに立っていることに気がついた。

ジョゼフがつねに示してくれたことはこうだ。

「批判する人」になっていると気づいたときは、いつでも立ち止まって、そのことに気づいたことを喜びなさい。

「批判する人」に陥るということは、「学ぶ人」に移行できるということだ。そして一歩退いて、自分にどんな質問を向けたかを見つける。

そのとき私の頭に浮かんだ質問は、「どうすればここから抜け出せるだろう?」だった。この質問に対する選択肢が多くないのは明らかだった。車が動きだすまでは立ち往生だ。

そのとき、ジョゼフの言葉がよみがえってきた。

「起きたことはほとんどコントロールできないが、起きたこととどう関わるかは選ぶことができる」

起きたことはほとんどコントロールできないが、
起きたこととどう関わるかは選ぶことができる。

すぐさま、新しい質問が頭に浮かんだ。

「この時間を最大限利用するために、今なにができるだろう？」

その質問の答を思いつくまでほとんど時間はかからなかった。私は助手席にあったスマホをつかみ、ジョゼフの番号にかけた。彼はすぐに電話に出た。

「ベンです。今、お時間はありますか？　渋滞にはまって、気が変になりそうなんです」

ジョゼフはしばらく黙っていたが、それから笑いだした。

「こう言ってごらん、『スコッティ、私を転送してくれ』［注：アメリカの人気テレビドラマ、スター・トレックのセリフ。『私を救ってくれ』の意］」

「どうして私がスター・トレックのファンだとわかったのですか？」

私は笑いだし、あっという間に気分が明るくなった。

「今日の午後、チャールズとのミーティングがあるんです。『学ぶ人のマインドセット』になって、うまくやるチャンスをつかむべきだとわかっているんです。でも、しくじりそうで不安です。いったいなにから始めればいいでしょうか？」

「いい質問だ。メモはできるかな？」

私は渋滞のただ中にいたので、ジョゼフが口述した三つの質問を、スマホに記録した。

「私はどんな思いこみをしているのだろう？」

「ほかにどんな考え方ができるだろう？」

「相手はなにを考え、なにを感じ、なにを求めているのだろう？」

ジョゼフの説明によると、これらの質問は彼が提案する**「成功のための十二の質問」**から選んだもので、これはユーザーガイドにあるツールの一つだそうだ。

ベンの三つの質問
・私はどんな思いこみをしているのだろう？
・ほかにどんな考え方ができるだろう？
・相手はなにを考え、なにを感じ、なにを求めているのだろう？

私は最初の質問を見た。

「私はどんな思いこみをしているのだろう？」

これは簡単だ。チャールズに関するかぎり、私の思いこみはやむを得ない。

私は彼の昇進を奪ってしまったのだ。そんな相手は危険だ。彼に油断は禁物だ。彼にとって私の失敗ほどうれしいものはないだろう。そのためなら、彼はどんなことでもするだろう。そうなれば、チャールズは私のポストに就き、望むものが手に入る。背後に気をつけろと思わない人はいないだろう——。

もちろん、これはただの思いこみだ。それは否定しない。だが、思いこみをもったままでいることが最大の安全策という状況もあり、これはまさにそのケースだ。

これまでのところ、チャールズに関する問題は、私には十分リアルに思える。これを無視できるのは、かなりのばかだけだろう。

これについて考えていると、「学ぶ人／批判する人の対比表」が頭をかすめた。

私は自分の思いこみを正しいかどうか問うこともなく、それにこだわっているのだろうか？

まだ気持ちが落ち着かないまま、私はジョゼフの第二の質問に目を向けた。

「ほかにどんな考え方ができるだろう？」

グレースのことがふいに頭に浮かんだ。彼女のジェニファーへの思いこみが二人の関係に悪影響を及ぼしていた、ジェニファーと違うかたちの関係になる方法を見つけるために「選択の地図」を使ったと言っていた。

私とチャールズでも、同じことができるだろうか？

私はほかの可能性についても考えをめぐらせてみた。

「私がチャールズに対する考え方を変えたらどうなるだろうか？」

「彼が質問するのは、私の印象を悪くすることが目的ではないとしたらどうなるだろう？」

「彼はただ、万全の準備ができているか確認したいだけだとしたら？」

そのとき、ジョゼフがハイパフォーマンス・チームの特徴と、そのチームがそなえる探究と擁護のバランスについて語っていたのを思いだした。


「チャールズの際限のない質問が、思慮に満ちた議論を活発化させようとする彼なりのやり方だったとしたらどうだろう？」


この状況について別の考え方を検討すればするほど、これまでの持論に自信がなくなり、チャールズのことがよく思えてきた。

私は午後のチャールズとのミーティングで、なにか新しいことをやってみようと決めた。彼が私を妨害したがっているという思いこみを一時棚上げにしようと思った。

そのかわり中立的な立場に立って、自分がすべての答をもつべきと考えるよりも、そう

は〝考えない〟を採用しよう。

この思いつきが頭をよぎった瞬間、新しいアイデアがうまい具合にはまった。

要するに、**思いこみに疑いをもつというのは、それを無視することではない。それを探ってみることだ。**

これはいい。革新的で、実行すべき新しいことがちゃんと見つかった。

私はジョゼフの三番目の質問を検討しはじめた。

「相手はなにを考え、なにを感じ、なにを求めているのだろう？」

そのとき車の列が動きだし、私はその質問を保留にした。けれども、車が進みはじめると同時に、頭のなかで新たな可能性が広がりはじめた。

チャールズがただ探究心が強いだけだとしたら、彼は私からいったいなにを知りたがっているのか？　そしてそれを知る必要があるのか？

私はこの仕事に就いた初日に彼と交わした会話を思い出した。あのとき、彼は言った。

「お話ししておきたいことがあります、私はこのポストに就けなくてがっかりしています。でも、ここは優良企業だし、家族はこの街が気に入っていて、引っ越しはしたくないんです。ですから、この会社を成功へと導くためにできることはなんでもやります」

この会社を成功へと導くためにできることはなんでもやるという彼の発言は、いままでも私を悩ませている。真意はどこにあるのか？　私の仕事を狙っているという意味だろうというのが、私の推測だった。

私はチャールズの意図を読み間違えているのか？　彼の発言に対し別の解釈ができるのだろうか？


オフィスには予定よりかなり遅れて着いた。アレクサとのミーティングまで一〇分もなかったので、パソコンの前に座り、アレクサの名前とジョゼフの部屋で見た雑誌の名前を検索した。アレクサについての記事が即座に現れた。

私は記事にざっと目を通した。そこには、彼女が連邦破産法第十一章の適用を申請した直後のＫＢ社で、ＣＥＯに就任したことが書かれていた。

彼女はこの会社の立て直しを期待されていた。周囲の人間はだれしも考え直すよう忠告していた。結果が出せなければ、キャリアを台無しにする可能性もあった。

だが、アレクサはリスクを取り、不可能と思われていたことを成し遂げ、三年後には会社のグローバル化にすら成功した。

記事には、自分が成功できたのは〝質問のタイプを変えた〟おかげだ、という彼女の言葉が引用されていた。そしてパーソナル・コーチでありメンターでもある人物の名をあげていた。そこにはやはり、ジョゼフの名前があった。

記事を読んだ直後、私はアレクサのオフィスにいた。ジョゼフとの体験やQストーミングについて尋ねるつもりだったが、好奇心のほうが勝ってしまい、読んだばかりの記事について尋ねていた。

「今さっき、あなたの記事をネットで読みました」

「あら。私は質問好きなリーダーなんてレッテルを貼られたわ。みんな、質問をするCEOなんて聞いたことがないのよ。きっとすごく珍しかったのね。いたってシンプルな話なのよ。たいていのリーダーは質問をしないで、ただ指示をするだけ。だから、現実になにが起きているのか気がつかないのよ。彼らはたいてい不十分で不正確な情報をもとに、戦略の指針や人事さえも決定するのよ」

「確認もしないで思いこみをするんですね」

「そのとおり。まあ、私にはまったく理解できないわ」

アレクサの言葉にはジョゼフの教えが含まれていたが、その言葉は明らかに彼女自身のものになっていた。

「ジョゼフが言うには、『批判する人』にまつわる問題にぶつかったのは、私だけじゃないそうです。あなたが前の会社で抱えていた『批判する人』ゆえの問題を話してくれるだろうとも彼は言っていました。きっかけとなった『批判する人の質問』はなんでしたか？」
「あのね、今にして思えば、笑っちゃいそうなくらいシンプルなことに思えるわ。私の質問を順を追って言えば、まずは、こんなふうだった。

『この困った事態はだれのせいなの？』

私は何日も夜遅くまで、だれを解雇すべきか考えていた……そして、それは自分自身かもしれないと不安だった。ある日、ジョゼフと話をしていると、新しい質問が頭に浮かびはじめたの。最初の質問はこんなふうだったわ。

『どうしたらあれほど多くのミスを避けられるだろう？』

ジョゼフには、上々のスタートだけど、なにかもっといい質問を考えてみてはどうかって言われたの。そして次に私が考えたのがこれ。

『強みや成功をどうやって築いていけばいいのだろう？』

私はこの質問を本格的に採りいれ、つねにこの質問をするようになった。この新しい質問で、みんなを正しい方向に導いた。私がそれまでやっていたような『批判する人の質問』ではどんなものも難しくしてしまう。私たちはこれまで高度に『批判する人の文化』をもっていた。『批判する人』によって、人はエネルギーを失い、熱意が消え、仲間は分断されて、つねにだれかを責めるようになる。

要するに、『批判する人』のまわりでは人がコースをはずれ、すぐにばらばらな方向へ進みだし、だれも生産性をもたなくなる。

新しい『学ぶ人の質問』なら、好奇心がかき立てられ、力を合わせて積極的、集中的、創造的な行動をとるようになる。

ジョゼフはこの新しい質問を使って『学ぶ人の文化』をつくりなさいと言ったの。

それを実行に移すとまもなく、事態は目をみはるほど好転していった。この状況に至るまで、私は失敗へも成功へも導くことのできる質問の力の真理を理解していなかった。それはまさに私にとって、いいえ、私たちみんなにとって『大きな変化』だったの」

「それほど大きな変化を起こした新しい質問とはどんなものだったんですか？」

私は尋ねた。

「ジョゼフがそのとき語ってくれた話をするのが一番いい答になるでしょう。ライバル同士の二つのバスケットボール・チームの研究についての話なの。

チームAはコート上でのミスを防ぐことに重点を置いたトレーニングを受けていた。毎日毎日、チームAのメンバーは自分たちのミスに注目したビデオを繰り返し見た。そのためチームAでは、メンバーの脳にミスが刻みこまれていった。

一方、チームBは成功をめざすチームづくりに重点を置いたトレーニングを受けていた。毎日毎日、チームBのメンバーは自分たちの成功したプレイに注目したビデオを繰り返し見た。そのためチームBでは、メンバーの脳に成功が刻みこまれていった。

端的に言うと、**チームAはうまくいかなかったものに焦点を合わせ、チームBはうまくいったものに焦点を合わせた。**シーズンの終わりに、どちらのチームがめざましい進歩を遂げたかは想像がつくわよね？」

「もちろん、成功をめざすチームづくりをしたほうですね」

「大正解。実際のところ、二つのチームの実力の差は驚くほどのものになった。私の記憶では、チームAの得点能力はやや下がり、チームBはほぼ三〇パーセント向上した。

その話で、私は効果的な質問をすることの威力を確信したの。これと同じ原則を業績が低迷しているうちの会社に適用したところ、すぐに劇的な変化が起こりはじめた。

生産性が向上しただけでなく、職場に来ることが楽しく、喜びさえ感じるようになった。創造性や士気も高まった。会社全体にエネルギーが満ちあふれた。組織全体が『学ぶ人の原則』にもとづいて動きだし、社内が『学ぶ人の質問』へとシフトしていったの。

これがまさに〝『学ぶ人』は『学ぶ人』を生む〟ということ。

そのすべてが、数年ではなく数カ月のうちに起こったの。あとのことは知ってるわね？」

アレクサは間をおいて、そのころのことを思い出しているようだった。

「ただ質問をすること――それより自然でわかりやすいことってある？　起きている出来事の全体像を把握する方法がほかにある？　他人をこんなにも仕事に熱中させ、貢献してもらえる方法がほかにある？　だれもが尊重されていると感じ、本当に大事なことを発言し、実行するようになる、それを実現できるものってほかにあるかしら？

好奇心はもっとも素晴らしい財産なの。

ジョゼフはそれをあなたに強調したはずよ。好奇心は『学ぶ人』への直線コース。それが進歩や変化のためのエネルギー源なのよ！」

好奇心は「学ぶ人」への直線コース。

アレクサが話しているあいだ、私はチャールズに対する私の思いこみを確かめてみることが重要なのではないかと考えていた。

私の「批判する人の質問」のせいで、彼についてなにか重要なことが見えなくなってしまったのだろうか？

チャールズが私を質問攻めにしてくる理由を、私は本当にわかっていたのだろうか？

思いとどまる間もなく、言葉が口から飛びだした。

「彼はただ好奇心から質問をしていただけだ。きちんと理解したかっただけなんだ！」

アレクサが心配そうに私を見つめていた。

「いったいだれのことを言ってるの？」

「いや、つい思ったことを口に出してしまいました……。あなたと会話ができて、私のチームやプロジェクトについて、力が湧いてきましたよ」

「きっとなにかに気づいたのね。これは自信を持って言えるけど、あなたの新しい質問はきっと本当の進歩を生みだすわ」

私の心は一瞬で今朝グレースと交わした会話に戻っていた。グレースは部下のジェニファーとの状況をなんとかしようと、まずこう自問するところから始めた。

「私はなにを求めているの？」

「どんな選択肢があるかしら？」

さらに、こう尋ねた。

「どうすれば彼女をもっと理解できるだろう？」

この最後の質問は、私が一緒に働く仲間について自分に問いかけたことのないものだと気がついた。すぐさま、ほかの質問が心に浮かんだ。

「人はほかの人をどうやって理解しているのだろう？」

ジョゼフは、**相手に好奇心をもつところから始めなくてはいけないと言っていた。それから、相手に質問するのだと。**もちろん「学ぶ人の質問」を。

それはまさしくグレースがジェニファーに対して行ったことだった。

「私はチャールズについていったいなにを理解しているのだろう？」この質問を思い浮かべると、私は自分の好奇心がどんどん膨らんでいくのを感じた。そして、彼についての新しい質問が自然と心に湧き上がってくるのがわかった。

私は以前、誇らしげにジョゼフに伝えたかつての自分の質問を思い出した。

「私はどうすれば自分が正しいと証明できるだろう？」

今ならわかる。この質問のせいで、チームのメンバーは私のことを知ったかぶりと認識したのだろう。

どうすれば自分が正しいと証明できるかと尋ねるかわりに、私はこう質問した。

「私はどうすればチャールズをもっと理解できるだろう？」

「私はどうすればチームをもっと理解できるだろう？」

私はすでにチャールズのこともチームのことも、まったく新しい視点で見はじめていた。新旧二つの質問のあいだだけでなく、私の気分やチャールズに対する考え方においても、なんと大きな違いが生まれているのだろう！

突然、私はQストーミングのことを思いだした。

「忘れないうちに」と私は切り出した。

「あなたにQストーミングについて尋ねなさいと、ジョゼフに言われています。これがあなたの成功にもっとも大きく寄与している、とジョゼフが言っていました」

アレクサの眉が上がった。身を乗り出し、ほほえんだ。

「これは私のお気に入りの題材よ。ブレーンストーミングは聞いたことがあるでしょう？**Qストーミングはそれと似ていて、違いは答やアイデアではなく、新たな質問を探し出すところにあるの。**

これは、**人に同じ認識をもってもらい、型にはまらない思考をみなで協力しあって行うための素晴らしい方法なの。**

私はこれを使って、ありとあらゆる理由のための新しい思考を行った。意思決定のための理由、問題解決のための理由、イノベーションのための理由、さらには紛争解決のための理由もね。たいていはグループやチームで利用するのだけど、一対一の会話で使用しても効果的だということがわかったの」

そのとき、アレクサのデスクで電話が鳴った。

「電話に出ていいかしら？　秘書にはある人からの電話以外は割り込まないでって言って

あったの」

アレクサはデスクの向こうにまわって話器を取ると、それを耳に押し当て、アシスタントと少し言葉を交わした。そして、申し訳なさそうに肩をすくめ、通話口をふさぎながら、待っていた相手からの電話だと私に伝えた。

自分のオフィスへの帰り道、私はQストーミングについてあれ以上聞けなかったのが残念だったが、まだ話を聞きたくてしかたがなかった。アレクサは、ジョゼフの理論にはなんらかのマジックが存在することを証明できる、生きた証のように思えた。

ほんの少しだがそれが私にも影響を及ぼしつつあるのではないか？

その日はまださらなるサプライズが待っていて、私にQストーミングをコーチしてくれる相手が最大級のサプライズだった。

第10章 まとめ

● 『批判する人』になってしまいそうなときは、まずこの三つの質問を。

□ 私はどんな思いこみをしているのだろう？
□ ほかにどんな考え方ができるだろう？
□ 相手はなにを考え、なにを感じ、なにを求めているのだろう？

● 好奇心は「学ぶ人」への直線コース。

第11章

困ったときは、Qストーミング

結局のところ、真の質問とは暗闇の中で進むべき道を見つけるために手にもったランタンのようなものだ

マーク・ネポ

午後のチャールズとのミーティングの準備をする時間は三〇分もなかった。私はセルフコーチングモードで、ジョゼフが今朝与えてくれた三つの質問に意識を集中させた。

「私はどんな思いこみをしているのだろう？」
「ほかにどんな考え方ができるだろう？」
「相手はなにを考え、なにを感じ、なにを求めているのだろう？」

秘書がブザーを鳴らし、チャールズが来たことを告げた。今までなら、彼を待たせておいただろう。だが今日はすぐに立ち上がり、ドアのところで出迎えた。

握手を交わし、私は彼に最近はどうかと尋ねた。彼は調子はいいと応えたが、少し緊張しているように見えた。どうやら、私ひとりではなかったようだ。

もともと彼とのミーティングの予定を入れたときには、対決する覚悟で万全の準備を整えていた。その後で、私の見方が大きく変わった。

私はチャールズに座って楽にするようにすすめ、コーヒーかなにか飲むかと尋ねた。これまでのミーティングではこんなことをしたことがなかったので、彼はさぞかし驚いたに違いない。彼は、もってきた小さなペットボトルの水をかかげ、「結構です」と答えた。

昨日、このミーティングについて考えているあいだ、私はジョゼフから学んだ多くのことを復習していた。また、アレクサとジョゼフの私とのミーティングのやり方を思い返し、その詳細を検討した。

彼らはたくさんの質問をし、私がリラックスできるような話し方をしていた。

つねに彼らは味方となり、成功してほしいと望んでいると私に感じさせた。

そう考えると、**彼らはミーティングを「学ぶ人の経験」にしていることに気がついた。**

たとえば、ジョゼフは二人のあいだにデスクやその他のものを置かないようにしていたことを思いだした。こうした態度によって、彼が私の発言に本当に関心をもってくれているのだと感じられた。

そこで、チャールズにも同じことをしようと決めた。このミーティングを成功させるために、あらゆる手段を活用したいと思ったのだ。

まず私は、窓際でチャールズとあまり距離をおかずに座れるように、自分のデスクチェアを動かした。デスクが二人のあいだにないことで、少々無防備さを感じていた。最初は、チャールズも居心地悪そうに見えた。

私は口火を切った。

「私たちのチームはまさにトラブルを抱えている。だからきみといくつかの問題を徹底的に論議したい。まず二、三、質問させてもらってもいいかな？」

チャールズはうなずいた。

ジョゼフならこれをどう話すかな、と考えながら私は話を続けた。

「率直に言おう。うちのチームが抱えている問題は、一部私に原因があると気づいていた。私はそれを変えたいと思っている。それで、まず取り組むべき問題は、職場での私たち――きみと私の関係だと思っているんだ」

私は少し間をおいて、チャールズの反応を確認した。私のみたかぎりでは、リラックスはしていないようだが、熱心に耳を傾け、関心を示してくれているようだ。私は続けた。

「私はきみについて、偏った解釈をもとにある種の判断をしていた。たとえば、きみはこの会社に数年前からいて、私が得たポストに就くだろうと目されていた。私がこの会社に来たことは、きみにとっていいニュースではなかっただろうし、私のもとで働くのはきみにとって苦痛なのではないかと推測していた。この点は間違ってないかな？」

チャールズがうなずいた。

「白状すると、たしかにつらいことでした。アレクサはそのことを穏やかな口調で伝えてくれ、給与の面でも結構な調整をしてくれましたが、それだけのことです」

彼の反応に、私は驚いた。チャールズはちゃんと問題を認識し、どうやらそれに取り組んできたらしい。そんなふうに思える。

「逆の状況なら、私だってひどく取り乱していただろう」

「まだ乗り越えようとしている途中ですよ。ひとつ訊かせてください——私の仕事ぶりはどうですか？」

「きみにはまったく関係ないことを、あきれるほどたくさん押しつけてきたことを考えると、きみはよくやっていると思うよ」

「言っていることがよく理解できませんが……」

チャールズに、私のしてきたことを話すのは容易ではなかった。

「私はきみに対して、いくつかの思いこみをしていたんだよ、チャールズ。まず一つ目は、私がきみの上司として他社からやってきたものだから、きみは私に腹を立てて、私と一緒に仕事することなんてできないと思っていた。私は不当にきみを判断していたことに気づいた。二つ目は、ミーティングできみがいつもする質問が問題だと思っていた」

「私の質問？」

チャールズはひどく混乱しているみたいだ。一、二秒後、彼はなんとか話せるまでに考えをまとめていた。

「ちょっと理解できません。**どうして私の質問が問題なんですか？**　あなたは新任です。私はあなたがなにを望み、チーム全体をどこへ率いていこうとしているのかを確かめる必要がありました。**質問をしないで、どうやって知らないことを確かめろと言うんですか？**」

質問をしないで、どうやって知らないことを確かめられるのか？

私は、チャールズの質問の狙いをこう捉えていた。彼は、チームの他のメンバーに、私がすべての答を持っているわけではないと見せつけたいのだと。

こんな恥ずかしい思いこみをしていたことを彼に認める覚悟はできていなかった。だが、Qテック社での私の仕事には大きな変化が求められている。私は決心して彼に話した。

「前の会社では、同僚は答を求めて私のところに来ていたんだ。私は答を出すのが得意でね、〝アンサーマン〟としてたしかな評判を得ていたんだ。だが、ここQテック社では、私はチームを率いており、答を見つけ、それを実行するためにほかの人たちの助けが必要だ。〝アンサーマン〟でいるだけでは不十分なんだ」

チャールズはボトルから水をひとくち飲んでから、こう答えた。

「あなたが着任する二、三週間前、アレクサが研修のために連れてきた人物がいました。彼は質問がもつ奥深い力について話してくれました。**質問は人がより革新的になりたい、考え方や人間関係を変えたい、チームやときには組織全体さえも変えたいといった場合に、役立つと。**

彼は私たちにこんな質問をしたんです。


『最初にベストな質問をしないで、どうやってベストな答が期待できるでしょう？』


彼の言ったある言葉が、私の記憶に鮮烈に残っています。

それが、**『偉大な成果は、偉大な質問から始まる』です**」

そういえば、私が就任した日に、アレクサが研修について話していたのを覚えている。彼女は、クエスチョン・シンキングのコア・トレーニングを促進するためにジョゼフを招いたと説明していた。

私も同席するようすすめてくれたが、前の会社での予定が重なって参加できなかった。

加えて、私は自分がチームのリーダーになるなんて、ほとんど知らなかったのだ。あの日、ジョゼフの研修に参加していたら、どうなっていただろうと思わずにいられない。

チャールズがその研修のことを話しているのは疑いようがなく、彼もまた「クエスチョン・シンキング」や「学ぶ人／批判する人のマインドセット」を知っているのだろう。

私は少しおずおずと切り出した。

「私は研修に参加しなかったのだが、たぶんきみはジョゼフの教材の一部を活用していると言っているのかな」

その言葉が口をついて出た瞬間、私は後悔した。やりすぎたか？　自分の権威を貶めてしまったか？　チャールズが求めているものを与えてしまったか？

彼はその質問にどう答えるかを考えているかのように、頭を少し垂れてずっと膝のうえで手を組んでいた。やがて彼は顔を上げて、深呼吸をしてから、こう言った。

「質問がされないと、そのたびに潜在的危機が発生を待つことになる」

質問がされないと、そのたびに潜在的危機が発生を待つことになる。

「自分が意味を理解できているのか自信がないな。もう少し詳しく話してくれないか？」

「ジョゼフが私たちに言ってくれた言葉の一つです。『クエスチョン・シンキング』と質問全般の重要性を強調する言葉です。ジョゼフは文章がプリントされたカードを配りました。私はいつでも思い出せるように、そのカードの一枚を掲示板にピンで留めたんです」

私はチャールズの質問を私への批判と解釈していた。私が身構えた反応をとったために、チームに「批判する人の混乱」を作ってしまった。

ジョゼフの言っていることが本当だとすれば、私の反応は多くの質問がされないままの状態を生みだしてしまった。

私はチームのメンバーが参加しないことへの責任があるのだろうか？

私のなにがいけなかったのか？

どうしてこれがわかるまでこんなに時間がかかったのか？

「批判する人の質問」が頭のなかで転げ回っていた。それがだれのせいかわかるのに、特別な才能は必要ない。

だが、私はここで立ち止まってはいられない。

前進したいなら、そして真の解決策を見つけたいなら、本当のことを受け入れ、非常に難しいたぐいの質問をしはじめないといけなかった。

「きみの助けが必要なんだ」と私は言った。そのとたん、自分の声を貫く自信に満ちたトーンに驚いた。

「きみも知ってのとおり、われわれのプロジェクトは瀬戸際なんだ。動きだすことも前進することもしなければ、うちのチームは本当に厄介なことになる」

「わかりました。あなたの懸念を理解します。全面的に誓います。あなたを一〇〇パーセント応援します」

彼の誓いは誠実なものだと確信した。

「それは私にとって重要な意味をもつよ。では、この質問から始めよう。


『これまで自分たちやチームを阻んでいたものを乗り越えるにはどうしたらいいだろう?』


これはこのミーティングの準備段階で考えついた質問だ。とくに、私たちが成功するのを手助けしてもらうにはなにが必要なのかな?」

しばらくのあいだ、チャールズは面食らっているように見えた。そして彼は言った。

「私に即座に出せる答をもっているのか、ベストな質問をもっているのかさえもさだかではありません。けれども、たしかなことが一つだけあります。

このミーティングでやっていることがなんであれ、以前よりずっと気持ちが楽です。良い方向に向かっているように思えます。私は役に立つ方法を知っています」

ここで身に覚えのある怒りがこみあげてきた。「こいつ、また私に反抗しようとしているな」と思ってしまった。彼は私の権威に挑もうとしている、と。

だが、私はすぐに自分を抑えた。その瞬間、例の三つのセルフ・クエスチョンが頭に浮かんできた。

- **私は「批判する人」になっているのだろうか？**
- **これについて、ほかにどんな考え方ができるだろうか？**
- **このミーティングで、私はなにを成し遂げたいのだろう？**

チャールズとのわだかまりを取り除き、チームを前進させたいのなら、古い思いこみは捨てなければいけない。すべてはそれにかかっているのだ。

「聞かせてくれ」と私は言った。

「これはジョゼフが教えてくれたものです。彼は『**Qストーミング**』と呼んでいました」

その瞬間、私は驚いた。そして一日前なら出てこなかった言葉が今日は出てきた。

「どうやるのか教えてくれないか?」

チャールズは立ち上がって、オフィスに常備してあるフリップチャートのところへ行き、青のサインペンを取りあげて、説明を始めた。

「目的は、答やアイデア、解決策を見つけだすことではありません。**できるだけ多くの新しい質問を出すことです。**できるだけすばやく質問を投げかけてください。私が書き取っていきますから」

「つまり、**合間に答を出したり、話し合いをしたりはしないんだね?**」

「そのとおりです。**目的は、心のなかの新しいドアを開けることだ**、とジョゼフは言っていました……そう、一つひとつのドアの向こうに別の答や解決策を見つけだすように。一つひとつの質問が、私たちの可能性を広げてくれます。研修で学んだ言葉を借りれば、『**質問をしないと、ドアは開かない**』です」

質問をしないと、ドアは開かない

「厄介な状況とそれを変えるための目標を述べることからスタートします。そのあと、あなたがこの状況にどんな思いこみをもっているかを見つけだします」

「たとえば、きみは私と働くことに苦労している、といった私の思いこみとかだね」

チャールズは少しだけうんざりした気配をみせたものの、その後うなずいた。

「あなたの目標と思いこみが明確になったら、その状況に関する事実に目を向けます。それが明らかになったところで、新しい質問のブレーンストーミングを始めます。たとえば、こんなふうに問いかけてください」

・目標を達成するために、私たちが一緒にベストな仕事をするにはどんな方法があるだろう？

チャールズがその質問をフリップチャートに書き留めた。その後、彼はすぐに別の質問を書き加えた。

・私がチームに変わってほしいと望む点はなんだろうか？

私は声をあげた。

「変わってほしくないものなんてないよ！」

「同感です。それを質問として書きましょう。ジョゼフによると、**成功するQストーミングのカギは、『学ぶ人』でいること**、それから**質問で使うフレーズに注意すること**。質問は一人称つまり、**〝私〟か〝私たち〟という言葉を使って問いかけること**。それが心のなかのドアを開けるのに役に立つんです」

「OK、こういうことかな。

『今現在起こっていないことで、私が起きてほしいと思っているのはどんなことだろうか？』

『私たちがみなもっとよく聞くにはどうすればよいのだろう？』

『もっと創造性を豊かにするために、私にできることはなんだろうか？』」

「素晴らしい質問です」

チャールズができるだけ速く書き留めながら、〝私〟と〝私たち〟に下線を引いた。

直後、新しい質問が私の口から飛び出した。

「きみと私そして他のチームメンバーが、お互いに率直なコミュニケーションをとり続けるには、どうしたらいいかな？」

チャールズが笑みを浮かべたように私には思えたが、彼はなにも言わずにこの質問をフリップチャートに書き留めた。そして、彼自身の質問を書き加えた。

「効果的な種類の質問をしつづけるために、私にはなにが役に立つだろう？」

「メンバー全員の歩調が合うように、私たちはどうやって目的を明確に示せばいいだろう？」

「……そして全員がやる気になるように？」

チャールズが付け加えた。

「そのとおり」

「続けましょう。もっと質問を出してください！」

チャールズが声をあげた。彼はサインペンでなぐり書きをしながら、フリップチャートに質問を書きつづけた。

「チームを動かしつづけるために、私はどんな燃料を投下できるだろうか?」

「私たちが失敗をフィードバックとして思いだすにはどうすればいいだろう?」

「批判的にならないようにするには、私はどうすればいい?」

「チームメンバー一人ひとりの素晴らしい強みはなんだろう?」

「約束をすべて確実に実行するためには、なにをしたらいい?」

「チームメンバー一人ひとりにリスクを負っても大丈夫だと安心させるには、私はどうすればいいだろう?」

「助けを求めてもかまわないと彼らに思わせるには、私はどうすればいいだろう?」


私たち二人は矢継ぎ早に質問を出した。チャールズと私が自然とたやすく一緒に働いていることに私はとても驚いていた。

まもなく質問がぎっしり書き込まれた四枚の紙ができあがっていた。やがて私は質問をやめ、これまでやったことを見なおそうと提案した。

チャールズはフリップチャートから少しさがって、こう言った。

「**今までしたことのない質問がリストにあるか気づくことが大切**だと、ジョゼフは言っていました。新しい質問は非常に大きな違いを生みだします」

私はフリップチャートのリストをすばやく見渡し、床の散らばった質問の紙をぱらぱらめくってみた。

「あるよ、かなりある」

私は認めた。正直なところ、これまでしたことのない質問の多さに驚いていた。

チャールズと私はフリップチャートの前に立ち、壁にほかの紙をテープで貼った。


それから三〇分ほど、私たちはすべての質問に目を通し、ところどころに新しい質問を付け加えた。それらの質問について議論を始めると、**なぜ自分たちが行きづまっていたか、必要な変化を起こすためになにが役立つかが、より明確になってきた。**

書き留められた質問をすべて見ていると、スッとセルフコーチングモードに入っていき、私の現在の状況をより客観的に見ることができた。

Qストーミングのおかげで、自分自身では思いつかなかった可能性に目を向けることができた。

私はアレクサの画期的な成功のストーリーを思い出していた。質問の種類を変えるだけで、会社全体に変化を起こした。私はそれが私たちにも起こるのではないかと、うっすらだが確実に感じていた。

チャールズは、後々の参照用に私たちの質問をスマホのカメラでとっていた。

私はデスクの端に腰をおろし、フリップチャートを見つめて言った。

「リストに加えたい質問がある」

フリップチャートに近づき、紙をさっとめくって書き込んだ。


『私たちそれぞれが最高の貢献を果たすにはなにが役立つだろう？』


「いいですね」

チャールズがうなずいた。

「貢献」という言葉がにわかに私の気持ちをひきつけた。自分が正しいと証明したい、アンサーマンであることを主張したいという強い気持ちがあったときには、こんな質問をしたことがなかった。


「相手はなにを提供してくれるだろう？」

「彼らはなにを必要とし、なにを求めているのだろう？」

「私は彼らにどんな影響を与えているだろうか？」

私はかつては悪夢と呼んでいたチームの失敗がどのようなものであるかをさらに深く見てみた。

失敗の種はチームのリーダー、つまり私だった。私がずっと問題だったのだ！

「今回、ここでの話で私にとってもっとも貴重なレッスンがなんだったかわかるかい？」

チャールズは首を振った。

「まず一つ目は、**質問には事態をオープンにし、それを好転させる力さえあるということ。**Qストーミングをチームに活用しているところが想像できる。

二つ目は、**質問はまわりの人たちを正しく評価し、理解する手助けとなる。**そのことに私は初めて気づいたんだ」

この新たな発見が、私にとってとても大きな扉を開きつつある。

チャールズが言った。

「ベン、このミーティングに出るまでは、自分がこのQテック社にずっといられるのか自信がなかったんです。率直に言って、あなたと働くのは、その価値があると思えないほどとても困難なことだと感じはじめていました」

「それはさぞかしつらかったよね。きみにはひたすら同情するよ」

私は彼の言葉を聞いて気まずい気分になったのを精一杯隠そうとした。

だが、私の心のなかでなにかが変化した。私はきまり悪げな笑みを浮かべ、やがて声をあげて笑いだした。

「すみません、残酷なヤツだと思ったでしょう？　でも、言わなくちゃいけないって思ったんです」

「そうだよ、言ってくれてよかったんだよ、二人にとってね」

私はチャールズに手を差しだした。彼は一瞬ためらったが、温かく握ってくれた。

私たちはうち解け合い、とても気分がよかった。このプロセスで、私はずっと求めていた画期的な成功を果たした。

質問を変えることは、大きな違いを生みだす軸となった。

ジョゼフに今日の出来事を報告したくてたまらなかった。

チャールズがオフィスを出ていくと、私はフリップチャートのところに戻り、明日の朝に予定しているチーム・ミーティングの計画を立てはじめた。

今回は、「学ぶ人の生き方」がチームに根を張るように、効果的な質問を使いたい。

そうなれば、一緒に働く方法に関してあらゆるものが変わるだろう。

そのおかげで、チームの出す結果も変わってくるだろう。

私はデスクにつき、ジョゼフとのミーティングで作ったメモを取りだして、さっと目を通した。

私は椅子の背にもたれ、壁に貼られた小さな張り紙を見つめた。

『**すべてに質問を！[Question Everything!]**』と書いてある。

そうだ、ジョゼフの言ったことは正しかった。

今ならとてもシンプルなことに思える。

正しくて……シンプル……まるでアインシュタインの相対性理論じゃないか！

第11章 まとめ

- 「質問をしないと、ドアは開かない」
  一つひとつの質問が
  私たちの可能性を広げてくれる。
- Qストーミングの目的は、
  答やアイデア、解決策を出すのではなく、
  できるだけ多くの新しい質問を出すこと。
- Qストーミングのカギは、
  「学ぶ人」でいること、そして、質問は
  「私」「私たち」を使って問いかけること。

第12章

思いこみにとらわれないために

悪い行い、正しい行いといった
概念を超えた領域がある。
そこでなら出会えるだろう

ルミ

アレクサとチャールズとのそれぞれのミーティングでの出来事にエネルギーを得て、私はその夜、遅くまで働いた。チャールズやほかのチームメンバーとの翌朝のミーティングにそなえてメモをつくった。アレクサにメールを送り、数週間のうちにジョゼフと三人でミーティングができるかも確認した。時間は刻一刻と過ぎていった。

時計を見たときには、グレースに帰ると告げていた時間を二時間も過ぎていた。電話を入れようかと思ったが、彼女はぐっすり眠っているだろうと考え、邪魔をしないことに決めた。帰る車のなかで気づいたときには、時刻は十一時になろうとしていた。

私が家に入ったとき、グレースは薄暗い居間でパジャマ姿のまま椅子にかけ、スタンドの明かりで本を読んでいた。ただいまと言った瞬間、私はなにか変だと気づいた。

グレースは黙ったまま本をわきに置いて、私に近づき、手を取ってソファのほうに連れて行った。そして、穏やかな声で「座って」と言った。

私は腰をおろしながら、だれかが死んだ、あるいは別れよう、そんな話をされるのではないかと恐れた。彼女は向かい側に腰を下ろし、少し前のめりになって私の目をのぞきこんだ。

「ベン、あなたになにが起こっているのか、話してもらうわよ」

これまで何度もやったように、私は反射的に肩をすくめて受け流した。

「残業していたんだ……きみの秘書には伝えたよ……電話しようかと思ったんだが、きみは寝てると思ったんだ」

「そんな話じゃないわ。わかっているでしょう」

妻は、気がすむまで引き下がるつもりはないと告げるような眼差しを、じっと私に向けていた。

「仕事でたくさんのプレッシャーを抱えているんだ……期日がもうすぐでね……だけど、今日はちょっとした進歩があったんだよ……なにも心配することはない」

自分でもわけのわからないことを言っていると気づいていたが、これからなにが起きるのかが死ぬほど怖かったのだ。

グレースはゆっくりと首を振り、少し間をおいてから尋ねた。

「あなたが今必要としているものはなに？」

私はしばし言葉が出なかった。これは、まさに私がチャールズに対して自問したことではないか。


「相手はなにを必要とし、なにを求めているのだろう？」

グレースは私の心を読んでいるのか？　それともなんらかの形でジョゼフの「成功のための十二の質問」を知ったのだろうか？

私はびくびくしながら繰り返した。

「ぼくが必要としているもの？　今、それがわからないんだよ！」

うそではない。本当にわからなかった。

「ＯＫ、なら私が気づいていたことを言わせて。ベン、あなたがこの仕事に就いてまもなく、私たちの関係は完全に変わってしまった。あなたが変わった。私に原因があるのかと心配になったわ。急にこの結婚が間違いだったと感じたの？　私、なにかあなたの気にさわることや傷つけることをした？」

私は片手を上げて、彼女の言葉を制止した。

「グレース、違うよ。そんなことじゃない、まったく違うんだ」

私は彼女の気持ちにあまりにも無頓着だった、それに気づいて泣きたくなった。

「私が『選択の地図』を学んでから気づいたのは、あなたと私が一緒に『批判する人の道』を進んでいたってことよ。私は自分のこともあなたのことも厳しく批判し、あなたが『批判する人』になっていることにも気づいている」

本当はチャールズとの問題で自分に飛躍的な進歩があったことを話したくてたまらなか

った。職場での私にはすでに大きな変化が起こったことを。

だが急にそんなことさえどうでもよくなった。私はグレースにこんな苦しい思いをさせてしまったことを謝りたくて、言葉を探していた。なのに私にできたのは、ただうなずいて、同じ気持ちだと伝えるだけだった。グレースは話を続けた。

「私はあなたへの質問をいっぱい抱えていたけれど。今日の午後までは、それがほとんど『批判する人の質問』だった。それから私は、二人が『批判する人の落とし穴』に落ちないよう、やれること、言えることを探しはじめたのよ」

私はうなだれた。

「聞いているのが本当につらいよ。こんなこと簡単には言えないんだが……かといってほかに方法もない……」

私は自分が感情を抑えられなくならないようにと祈っていた。グレースは突然青ざめた。

「お願いだから、私の想像しているようなことじゃないって言って」

彼女の声はおびえたように震えていた。

突然、頭のなかで警報が鳴りだした。あらゆる可能性が頭を駆け抜けた。

妻は身を乗りだし、私をじっと見つめている。私は深呼吸をして尋ねた。

「待ってくれ。きみはなにを考えてるんだ？　まさかぼくが浮気をしていると？」

「毎晩のようにあなたは遅くまでオフィスで過ごしている。そのうえ、家に戻ってこない、どこにいるのか知らせる電話すらよこさない、私のために……二人のために時間を作ろうともしない、それに対するあなたの言い訳を考えたら……私にどう考えろって言うの？」

「グレース……誓って言うが、浮気じゃない」

私が職場に長い時間いることを妻がこんなふうに解釈していたなんて、夢にも思わなかった。私はゆっくりと首を振った。それは、私が浮気なんてしていないことを妻に納得してほしいという気持ちからだった。

「ぼくはそんなことしていないよ、グレース」

私は一呼吸おいて、次になにを言うべきかをじっくり考えた。

「話すのはつらいのだが、きみにはちゃんと言っておきたい。これを聞いても、ぼくを嫌いにならないでくれたらいいんだが……」

顔が熱く感じた。声も震えている。次の瞬間にグレースがどんな反応を見せるか、想像もできなかった。職場での失態について事実を語ったら、彼女が自分のもとを去っていくのではないかと怖かった。

私はようやく話しはじめた。

「ジョゼフや『選択の地図』をぼくが持っている理由について、きみに正直に話していなかった。ぼくは、職場でまさに窮地にあった。なにもかもがうまく進まなかった。ぼくはもう、エグゼクティブコーチのジョゼフを訪ねるか、辞表を出すかのどちらかを選ぶしかない状況にあったんだ」

「辞表ですって！　そういうことだったの？　ベン、ごめんなさい」

「ここ何カ月間か、ぼくはリーダーに適していないんじゃないかと不安だった。挑戦したことはすべて、ただひどい結果をもたらすだけに思えた。ぼくを信じてくれていた人たちみんなを、きみもアレクサも、失望させてしまっていた。ぼくが率いるべきチームもね。この仕事がうまくいかなかったら、その……きみとぼくの関係にどう影響するのかがわからず怖かった。はっきり言えば、きみには見合わないと思われるんじゃないかと怖かったんだ」

しばらく沈黙が続いたが、やがてグレースが静かに尋ねた。

「新しい仕事がうまくいってないことに最初に気づいたのはいつごろなの？」

「この仕事に就いて数週間後だ。最初はうまくいっていたんだ。リーダーの仕事もうまくこなせると思っていた。それから次々と難題が押し寄せて、それにぼくは対処できなかった。答を見つけることができなくなっていたんだ」

「今までずっとこんな事態を抱えていたのに、あなたはひと言も話してくれなかったの？」

「怒っているよね、グレース。こんなふうになることはわかっていた。本当に申し訳ない。だけど、きっと事態は好転すると思っていたんだ。実際、たしかに……」

「ちょっと待って。話を戻して。なにをわかっていたって言うの？　こんなふうになるってなんのこと？　私が怒っている理由をわかってる？　本当にわかってる？」

「もちろんだよ。仕事で失敗したことだろう」

「違う！　違うわ！　そんなことじゃない！」

グレースは私に向かって叫んだ。

「それならなんだって言うんだ？」

私はわけがわからず、そう尋ねた。彼女がなにかもっと悪いことを見つけていたなら、私がまだ知らないことなのか？　私はその意味を探ろうと、頭を悩ませた。

「私が怒っているのは、あなたが抱えていた問題を私に言わなかったことよ。あなたは私の夫よ。なのに二人にとってこんなに重要なことを、あなたは私に話してくれなかった」

「話すつもりでいたさ。だけど、事態がうまくいきだしてからにしようと思っていたんだ。新しい仕事ならすぐに見つける自信があったし、そうなれば万事上向きになって、きみはなにも知らなくてもよかったってことになる」

「つまり、あなたはこのことを隠したままにして、私を暗闇のなかに閉じ込めておくつもりだったのね。なんてことなの、ベン、どうしてなにもわからないの？」

まるで見知らぬ人を見るように、私はグレースを見つめ返した。本当になにを言っていいのかわからなかった。

「あなたには本当のことを私に話してほしいの。あなたの抱える問題も、疑念も、成功も、なにもかもをね。私はそれを必要としているの。私にとって、それが結婚の大事な部分なの。つながっていると感じられるのよ。仕事でトラブルを抱えていたら、私はあなたに話す、そうでしょう？」

「そうだね、きみは話してくれる。でも、そんなこと、考えたこともなかったよ」

「考えたこともなかった！　からかってるの？　今夜、あなたが戻ってきたとき、私がなにを尋ねたか覚えてる？」

「ああ、**ぼくが必要としているものはなにかって**」

「まだ答えてもらってないわ。私にはあなたにそうしてもらうことが必要なの。そうしてほしいの」

私は口をあんぐりあけて、かなり長いあいだグレースの目をのぞきこんでいた。どのくらい時間がたっただろう。

ほんの数秒だったかもしれないが、その時間が私の心に永遠に刻み込まれた。

「あなたはなにを必要としているの？」

愛情と気遣いの伝わるこの短いフレーズが、私の心に気づかぬうちに立ててしまった石の壁を貫いた。私は話しはじめた。

「ぼくが求めているのは……今、本当に正直に答えるなら、ぼくに起こったことすべてをきみに話すこと、そして不安な思いがぼくの口を封じないこと」

私は話を続けるまえにグレースの表情を確認した。彼女は笑みを浮かべていたが、彼女の顔に、私には読み取ることのできないなにかが見て取れた。

それでも、先へ進めなければいけない。私は勇気を奮い起こして話しはじめた。

「自分の限界と向き合わなければならなかったんだ。ぼくは『批判する人』として多くの時間を過ごしすぎたし、自分自身に対しても他人に対しても多くの思いこみをしてきた――それも人を傷つけるような思いこみを。こうしたすべてのことが職場で大きな問題を引き起こしていたんだ。

そして、ぼくが直視せざるをえない最大の問題は、なんというか……〝アンサーマン〟でいることよりも大事なことが人生にはあるということ。ぼくには学ばなければならないことが山ほどあった。それでもともかく今は、以前よりすてきな選択肢がもてるようになった。ジョゼフのおかげでね」

私はここ数カ月間に経験したことのすべてや、「新しいポストで成功しなければQテック社のリーダーとしては使えないとアレクサが判断するのではないか」と死ぬほど怖かったことなどを全部吐き出していた。

話を終えると、グレースはすっと立ち上がり、私の膝に座って、私の頭を両腕で包み込んでくれた。

「愛してるわ、あなたの話を聞いてなおさら好きになった。だけど約束してね、もう二度と私に隠しごとはしないと。約束よ」

「簡単にはいかないだろうけどね。習慣を捨てるのは難しい。それにね、ぼくは仕事をとおして、泣きごとを言っていては前へ進めないと学んだんだ」

「泣きごとなんて言ってないじゃない！　泣きごとを言うのと、正直に話をするのとでは大違いよ。

私たちはいつでも心を開いて、なにが起きているかを互いに打ち明け、安心して本当のことを話し合えるようになりたいの。私たちは仲間だということを忘れないで」

またあのフレーズが戻ってきた。

「学ぶ人の生き方」——人が心を開いて質問し、寛大な心で相手の話を聞ける余地を生みだす。

この会話が、職場で体験した画期的な成功をまったく新しいレベルに引き上げた。

私は今までそれをちゃんと理解していたのだろうか？　いや、きっと理解していなかったのだろう。

けれども、はっきりとわかったのは、**ジョゼフのメソッドは職場だけではなく、家庭にも有効だということだ。**

この会話が私にはとても大きな意味をもったということをグレースに伝えた。彼女には、質問をしてくれたこと、私の問題を聞いてくれたこと、困難な時期の私に我慢してくれたことを心から感謝した。

グレースは私の唇にやさしくキスをした。その瞬間、なにか大事なものが変化したのがわかった。

グレースと私の関係だけでなく、私が世の中を見る目に関しても。

その夜、二階にあがるときも、私たちの腕は互いの身体にまわされたままで、そのせいでとても歩きにくかった。一段目で、私たちは滑稽なよろめきかたをし、二人で声をあげて笑った。

私は「離したくはないけど、こんなふうに絡まっていては最後の段まであがれないよ」と言った。

グレースはいたずらっぽい笑みを浮かべた。

「でもやってみましょうよ」

またキスをかわし、私は急に真顔になった。

「ひとつ質問していいかい？」

グレースは目をきらっと光らせて言った。

「どうぞ、いつでも。いつでもかまわないわよ」

第12章 まとめ

- 「相手はなにを必要としているか」を考える。
- クエスチョン・シンキングは、職場だけでなく、家庭での人間関係を劇的に改善できる。

第13章

一周して元に戻る

学ぶということは最大の強みだ。
残りのあらゆる強みを
伸ばしてくれるから

リック・ハンソン

この日の午後、私はオフィスの自席で椅子の背にもたれて、Qテック社で成し遂げたことをすべて思い出していた。右手にはジョゼフが数年前にくれた紫檀のペーパーウエイトを握っていた。もう一度、純銀のプレートに刻まれた言葉を読んだ。

『偉大な成果は、偉大な質問から始まる』

この言葉とジョゼフから学んだすべてが私の心のコンパス(インナーコンパス)であり、パーソナルGPSである。

「クエスチョン・シンキング」は、私の心を開き、私を導いてくれた。辞表を書いた暗黒の日を思いだすと、当時の私がアレクサの期待や思いに応えられていなかったのは確かだ。私は彼女が求めていたリーダーとしてのスキルを持ちあわせておらず、どうやってそれを養えばいいかもわからなかった。アレクサとのミーティングをどうこなすかを考えているあいだ、「批判する人の質問」が私の心を埋めていた。

「私のなにがいけなかったのか?」

「どうしてリーダーとして成功すると思ったのか?」

「この大変な失敗を、どうグレースに話せばいいのか?」

アレクサとのミーティングで実際に起きたことは、私が恐れていたものとはまったく違っていた。驚いたことに、彼女は私の辞表を読むことすらしなかった。

代わりに、私をエグゼクティブコーチのジョゼフのもとへ向かわせた。

彼女が差し出したジョゼフの名刺には、大きなクエスチョンマークがあった。見逃しようがない。そのマークはいまにもカードから飛びだしそうだった。

私は内心あきれていた。私は〝アンサーマン〟として評判を得ていたのに、アレクサが勧めた人物は、「クエスチョン・シンキング」というメソッドの専門家だったから。

彼女はなにを考えているのか？　こんな人物が私を救えるわけがない。

だが、そのあと私は大きなサプライズに直面するのだ。

ジョゼフのシステムは、私にとんでもない結果をもたらした。

すぐに私の「批判する人のマインドセット」が仕事を駄目にしてきたことが明らかになった。チームの仕事では、私が「批判する人」になるほど、メンバーはあらゆることに抵抗しているように思えた。

私が意図的に**「学ぶ人のマインドセット」で彼らとコミュニケーションを取りはじめた**のは、そのことを実感してまもなくのことだった。

同時に、**私は質問を増やし、指示を減らした**。事態が好転し、いまやチームの特徴ともいえる協力精神が見えはじめたのは、それから間もない時期のことだった。

私の「学ぶ人のマインドセット」を養うことで、チャールズとの論争ばかりの関係にも劇的な変化があった。「選択の地図」やQストーミングのおかげで、私たちは二人のあいだに生じた荒波をやすやすと乗り越えた。

チャールズと私の仕事上の関係がスムーズになるほど、私たちが活用したメソッドは周囲の人たちから人気を得るようになった。私はチームのメンバーそれぞれが変化すれば、やがて事態が改善すると信じていた。

そして、**私が変えるべき唯一の人物は私であるということもわかった。**チャールズと私の関係は、これまで私が経験したなかでも、もっとも生産的で革新的な協力関係になった。

ひとつたしかなのは、私のリーダーシップも、製品を市場に出せたのも、ジョゼフのコーチング、そして私自身の変化がなければ起こりえなかっただろうということだ。

新製品の販売が成功してから数カ月後、ジョゼフと私はランチをともにし、私が渋滞に巻き込まれ、イライラしながら彼に電話をしたあの日の話になった。

「あの日、車の中で私が感じた動揺やフラストレーション、私の身体全体が締めつけられる感覚は単なる私の想像ではなかったとわかってよかったです。あれはすべて私の扁桃体のせいだったのですね」

ジョゼフは笑った。私はかまわず続けた。

「チャールズとのミーティングに遅れれば、すべてがこじれる。それが本当に私の恐れていたことですよ」

「その日、きみが経験したことを変えたのはなんだったんだい？」

「あなたが教えてくれた三つの『スイッチング・クエスチョン』でした。


『私はどんな思いこみをしているのだろう？』

『ほかにどんな考え方ができるだろう？』

『相手はなにを考え、なにを感じ、なにを求めているのだろう？』


これらの質問をするやいなや、私のなかでなにかがシフトしたんです。

この『スイッチング・クエスチョン』は、『学ぶ人のマインドセット』になる助けとなりました。あらゆる『批判する人』によるとらわれから解放された気分でした」

「あの時、きみの注意はどこに向いていたのかな？」

「チャールズです。ただ、以前とはまったく違う質問をしていました。私は彼に対して『批判する人』になるのではなく、自分自身の思いこみについて意識的に『学ぶ人の質問』をしていました。すると、私はとても穏やかな気分になったのを覚えています」

「きみの外側では、なにか変化したものがあったかな？　渋滞は変化した？　きみが直面していた問題に変化はあったかな？　チャールズは変わったかな？」

「いえ、私の外側ではなにも変化していません。車はぜんぜん動きださなかった。でもあなたの質問は、あらゆる状況との関わり方を変えたんです。ミーティングに出るころには、チャールズとより生産的な会話ができると自信をもっていました。すでにあなたもご存じのとおり、それがまさにあのとき起きたことなんです。彼とのミーティングが、本当に飛躍的な進歩となったんです」

ジョゼフは私と同じくらい喜んでいるように見えた。彼は言った。

「私がこのメソッドを開発しはじめたころ、私がとりわけ興味をもったのは、扁桃体の原始的反応にわれわれの（操り人形の）糸を操らせると、われわれの反応はどのくらい的はずれなものになるかということだった。

それは、扁桃体の反応による選択能力を高めるツールやメソッドを作りたいという私の情熱だったと言えるだろう。

今日(こんにち)では、クエスチョン・シンキングは、優れたリーダーシップや建設的、協力的、創造的な環境の育成に多大な貢献をしてくれている。

ここ何年ものあいだで、私にとって最大のご褒美は、ＱＴツールやその戦略が、リーダーたちの育成や成長にいかに役立っているかを目撃できたことだよ」

「糸を操っている扁桃体に対しては、時にどうにもならないこともあるというのはわかります」

私は過去を振り返り、職場においてもグレースとの関係においても、クエスチョン・シンキングがこれまでの成長の助けになってくれたことを考えていた。

私は、初期のころのセッションでジョゼフが私に話してくれたことを思い出していた。

「われわれが扁桃体に乗っ取られるたびに、建設的で満足のいく解決策のために使えるはずの時間やエネルギーを無駄にすることになる」

これが、ジョゼフの言う〝「批判する人」による乗っ取り〟の本質ではないだろうか？

ジョゼフはコーヒーをもう一口飲んで、カップをソーサーに戻し、テーブル越しになにかを期待した目で私を見た。私はこう伝えた。

「ひょっとすると、あなたのこのツールは私の脳を再構成するものだったのでしょうか？ときどきそんなふうに感じます」

彼のツールのおかげで、実際にこれまでとまったく違った考え方ができるようになった。私の脳はとびきり大きな新しい接続形態を築いているのだ。

ジョゼフはゆっくりとうなずき、ほほえんだ。目の端には皺が寄り、彼が喜んでいるのがわかる。

「私がこれに取り組みだしたころ、興味をもっていたのは、人が自分の内面のマネジメントを上達させるにはなにが必要かということだった。『批判する人の反応』の根底には、たとえそうは見えなくても、たいていある種の恐怖が存在するのは知っていた。

恐怖は自然と人を『批判する人』へと押しやる。

覚えておいてほしいのは、扁桃体の傾向として、プレッシャーや脅威を感じる場合、われわれの生存本能は最悪のシナリオに備え、どんな人生にも対応できる準備をとる」

「だから、私たちはみな『批判する人』から復帰できるんですね」

「そうだ、そうなんだよ！　まさしくそのとおり。リーダーは冷静沈着でなければならない。自分たちのまわりや、その内部でなにが起こっていようとも、セルフマネジメントに向けた自覚やスキルをもつために。

リーダーは他人を率いることに有能であるまえに、自分自身を率いることができる必要がある。

あの日のミーティングのあと、きみが車の中で経験したプロセスのように。きみは文字どおり、きみの内面の状態に変化を起こし、そこからきみの認知力や選択肢は広がった。それが、午後のチャールズとの会話に違いをもたらしたのだ。

もしリーダーが環境や感情に自分を支配させたなら、うまくコミュニケーションを取る能力や戦略的で積極的な能力を失ってしまう。

『構え――狙え――撃て』の行動で率いるのではなく、『構え――撃て――狙え』の行動で率いるリスクを冒すことになる。

ひいては周囲の人たちからの信用や信頼、忠誠心を失うことになる。それはチームや組織の協力精神が崩れだした場合でも同じことだ」

「それが、『スイッチング・クエスチョン』を行い、『学ぶ人のマインドセット』に戻ることが重要である理由ですね」

これはリーダーだけでなく、あらゆる人にとっても重要なことだ。私は「スイッチング・クエスチョン」や「学ぶ人のマインドセット」がグレースとの関係に及ぼした影響を思いだしていた。

私はその話をジョゼフに聞いてほしかったが、彼は腕時計に目をやり、次の約束があると言った。彼は立ち上がり、テーブルのこちら側に来て、固く温かい握手を交わした。

その瞬間、彼とのセッションがどれだけ自分の人生を変えてくれたか、そしてアレクサが最初に彼のことを話してくれた際に、どれだけのチャンスをもう少しで失うところだったかを実感した。

一方で、ジョゼフの名刺の大きなクエスチョンマークをばかにしていた自分を思いだし、ばつの悪い思いでいっぱいだった。

当時、私のアイデンティティは〝アンサーマン〟であることだった。今では、私にとってクエスチョンマークはまったく違う意味をもっている。

クエスチョンマークは、可能性に満ちていることを示すシンボルなのだ。

数々の成功を残し、私はQテック社で名を上げたと信じていた。

だが、新たな難局が待ち構えていることにも気がついていた。アレクサはQテック社のさらなる拡大を計画しており、そのことが私を不安にさせていた。

私は現在の地位に満足していたし、リーダーとしても自信がもてるようになってきた。すべてが非常にうまくいっていた。だから、私は状況が変わってほしくなかった。

ところが、アレクサが社内の再構築を行うという噂が、連日私の耳に入ってきた。その噂を聞くたびに、たいていそれは事業縮小や仕事を失うといった話だった。進行中のプランにおける私の特別な役割について、彼女はいまだ話してくれていない。

アレクサは、より大きな組織を管轄するリーダーのポジションに私を置く予定だろうか？　それとも私について再考しているのだろうか？

こうした質問が私の頭に浮かぶと必ず、肩が締めつけられるような感覚があり、それは「批判する人」になろうとしているシグナルだった。

私は事実が確認できるまでは、せめてニュートラルな状態でいようと努めた。


ある日、チャールズとともに仕事に没頭していると、電話が鳴った。アレクサの秘書からだった。

「三〇分以内に、ボスとのミーティングのためにこちらに来られますか？　その際に緑色のフォルダーを持ってきてほしいとのことです」

「そのフォルダーなら、わかります。はい、お持ちします」

それは、私が以前に書いた辞表の入ったフォルダーだった。

アレクサはそれでなにがしたいのか？　その話は終わったのではなかったのか？

私はそれまで取り組んでいた仕事を終え、デスクの引き出しから緑色のフォルダーをつかみ、ちらりと中を見た。私の辞表はこちらを見返している。

なにを書いていたか読み直すべきか？　いや！　そのフォルダーを脇に挟み、胃が締めつけられる思いをかかえて、廊下を歩いていった。

アレクサのオフィスの大きな両開きドアの外に立ったとき、中から声が聞こえてきた。そこで、また疼くような不安が襲ってきた。扁桃体の反響だ！

今回、私の頭に響いたのは、ジョゼフの言葉だった。

「きみには選択肢がある」

そうだ、私には選択肢がある。自己観察力がレベルアップする時だ。

私は二、三度深呼吸をして、気持ちを静めた。

「きみが『学ぶ人』でいるなら、アレクサがきみのために用意している課題を乗り越えられるはずだ」

私は自分に言い聞かせた。私は手を上げて、ドアを軽くノックした。

「どうぞ」とアレクサが明るい声で応対した。彼女はドアを開け、ドアのすぐ内側に立ち、うちとけた親しみやすい笑みを見せた。

部屋に入るとジョゼフの姿が見えた。私の気分は上がった。

私たちは挨拶を交わし、私は彼の向かい側のソファに座った。

少しのあいだ、私の目はコーヒーテーブルに置かれたものに引きつけられた。それは伏せて置かれた、額縁入りの写真のようだ。

「封筒を持ってきた？」

アレクサは緑色のフォルダーを指さしながら尋ねた。彼女が話しているのはなんの封筒なんだ？　緑色のフォルダーをコーヒーテーブルに置き、ぱちんと開けた。

そのとき、ようやく思いだした。私が辞表を出そうとしたミーティングで、アレクサから手渡された封印された封筒のことだ。それは私の辞表の下に隠れていた。

「これですか？」

私は封筒を手に取って、そう尋ねた。

「開ける時が来たわ」

ジョゼフがポケットから小さな銀のペンナイフを取り出し、刃を開き、柄を私に向けて差し出した。

「これは適切な礼儀をもって扱ってほしい」

大げさなぐらい丁重な声で、彼が言った。ドラムロールが聞こえてきそうだった。

私は封筒の封を開け、中にある便箋に記されたアレクサの手書き文字を読んだ。

『ベン――ジョゼフの殿堂入り』

どういう意味なのか？

私が戸惑っていると、ジョゼフがある物を手渡した。それは、さきほど目を留めたコーヒーテーブルに置かれていた美しいマホガニーの額縁だった。

そこには私の写真と記事が貼ってあった。写真を提供したのはグレースだろう。私が写った写真のなかで、それが私のお気に入りだと知っているのは彼女だけだから。

私が顔を上げると、アレクサと目が合った。

「ベン、私があなたを雇ったとき、あなたはリーダーのポジションに就いたことがなかったから、それが賭けだというのはわかっていたわ。一方で、どれほど大きな苦境であろうと、引き下がるあなたも見たことがなかった」

「だれにでも〝初めて〟はあります。もし私をジョゼフのところに行かせてくれなかったら、塵の旋風のなかを行くあの有名なロード・ランナーのように、高速道路に消えていったかもしれません」

アレクサが笑った。

「それは疑わしいわね。そんなの私が思うあなたじゃないわ、ベン」

ジョゼフがこう付け足した。

「きみはあのとき、失敗していたといえるだろう。でも私の印象に残っているのは、きみが失敗から立ち上がる姿だ。ふたたびボールを手に取って、勝利をめざして走りだしたよね」

アレクサはこうも話した。

「あなたが立ち直る姿は、あなたに対する私の直感が正しかったことを証明したわ。私は**『失敗はたいてい学びにとってきわめて重要である』**という信念をもっているの。ジョゼフのコーチングがあれば、あなたは頂点にだって立てる人だと確信しているのよ」

失敗はたいてい学びにとってきわめて重要である。

アレクサは少し間をおき、私に記事に目を通す時間をくれた。

さまざまな人たちが「クエスチョン・シンキング」を利用して、さまざまな苦境を乗り越える姿が記されている。私のくだりには、自分のチームに大きな躍進をもたらし、Qテック社の業績を好転させる一助となったことが記載されていた。

それを読んで、「クエスチョン・シンキング」がいかに私の天性のリーダーシップ能力の養成に役立ったかが明確になった。グレースとの関係においてももちろんだった。

「クエスチョン・シンキング」の活用により自信がついてくるにつれ、まるで浸透作用のように、周囲の人たちがそれに気づいてくれることにうれしい驚きがあった。

もちろんチャールズと私は、チームメンバー全員に「選択の地図」を配った。のみならず掲示や投稿などでオフィス中に広めていった。みな頻繁に質問してくれるようになった。チャールズと私はいつも「選択の地図」について話せることを喜んでいる。

私たちのチームが「選択の地図」の教訓をどんどん行動に移していくにつれ、私たちの職場環境はますます開放的でリラックスできるものになっていった。

一方で、私たちがネガティブになっていく状況にだれかが気づいたら、たいてい自発的にフォローアップをするようになった。「すみません、これは私が『批判する人』になっていましたね」というように。

以前のふさぎこんだ雰囲気は、笑顔や笑いに変わっていった。

私たちはそれぞれの心のなかで起こっていることをいともたやすく共有し、以前よりずっと創造的になっている。そのせいで自然と問題解決や協力が以前よりはるかにうまくいくようになった。

私たちはみな、より多くの「学ぶ人の質問」をするようになった。問題に取り組んだり、ミーティングの準備をしたりする際に、「選択の地図」をしげしげとながめながらじっと考えこんでいる人もいる。

私は近ごろ、かつてジョゼフが私に言ったことを、よく思いだす。

「私たちは自分たちの質問が作りだした世界で生きている」

これは、なんて真実をついた言葉なんだろう！

私は新しい方法で聞くことを学んだ。もちろん「学ぶ人の耳」で――。

そして、たとえ衝突する恐れがあろうと、ポイントをはずさないことを学んだ。おかげで、衝突はどんどん減っている。

今日(こんにち)、私の〝クエスチョン・シンキングの殿堂〟賞が私のデスクのうしろに誇らしげに掛かっている。

毎日それを見ていると、ジョゼフの教えの力や、自分の人生にもたらされた大きな変化にどれだけ感謝しているかが思いだせる。

まとめ 第13章

- 質問によって、まわりの人間が必要としているもの、望んでいるものに気づくことができる。
- 質問を使って新しい未来をつくることができる。
- 失敗はたいてい学びにとってきわめて重要である。

第14章

偉大な成果は、偉大な質問から始まる

無能なリーダーはめったに
自分自身や他者に質問をしない。
一方、偉大なリーダーは多くの質問をする。偉大なリーダーとは
偉大な質問をするものだ

マイケル・マーコート

ある朝、アレクサが私のオフィスに入ってきた。手には〈ウォールストリート・ジャーナル紙〉の記事を持ち、ひらひらさせている。

私のデスクにそれをポンと置いた彼女の顔には、大きな笑みが輝いていた。

記事を読むまえに、アレクサが説明してくれた。

数週間前、彼女はワシントンDCで基調プレゼンテーションを行い、その際に取材に来ていた記者からインタビューを受けたそうだ。彼女はそのことをほとんど忘れていたのだが、今日彼女の承諾を得るため、出版前の原稿コピーが送られてきたそうだ。

記事のタイトルは『質問によるリーダーシップ：職場で高いレベルの貢献意欲（エンゲージメント）、協力体制（コラボレーション）、革新性（イノベーション）を育成する』。

リード文には、「〝質問によるリーダーシップ〟のおかげで、Qテック社は業績が好転しただけでなく、あらゆる予想を上回る利益を生みだした」とある。

私の名前に線が引かれたパラグラフが目に入った。インタビューでアレクサは、〝質問好きなリーダー〟と呼び、Qテック社で育成を図るリーダーの例として、私を挙げていた。

それまでの人生で私は、自分がほかの人たちにとって、ロールモデルになっているのを見たことがなかった。だから、どう感想を言っていいかわからなかった。

アレクサはオフィスを出るまえにジョゼフに電話をし、このニュースを報告した。その日の午後遅く私たち三人は集まり、アレクサのお気に入りのワインを開け、この機会を祝い乾杯した。

「この記事が出たのは画期的なことだよ。とくに私の注意を引いたのはこの部分だ」

そう言ってジョゼフは記事を読みあげた。

「いかなる組織でもその文化は意図的に作られるか、意図せず生まれるかのどちらかだ。意図せず生まれたものはネガティブなほうへ向かう傾向があり、『批判する人の文化』になりがちだ。そのため、意図的な『学ぶ人の文化』を築くことが非常に重要だ。そしてそれは、意図的な『学ぶ人のリーダーシップ』を通してのみ実現する」

アレクサがうなずいた。

「クエスチョン・シンキング（QT）の普遍性——つまり、明確で戦略的な思考やコミュニケーションは、人間関係における問題を最小限に抑え、最終的に生産性を向上させる」

私のほうを向いて、アレクサは言った。

「私たちは、ジョゼフに外部コンサルタントとして、おもに個人のコーチングと不定期で

QTワークショップをお願いしてきたの。今がQTの影響力を会社全体に広げる時よ。自分のチームを見てあなたもわかっているだろうけど、QTはシンプルで非常に直感的なツールと演習であるがゆえに、共通言語になっている」

「たしかに。チームメンバーはいつもミーティングの最中に『選択の地図』を引っぱり出して、『おいおい、みんな批判する人の道に向かっているよ』とか『スーザンの洞察は素晴らしい。これで私たちは学ぶ人の道に戻れるよ』などと発言しています」

「それは素晴らしい！　QTスキルは、たしかにジョゼフがコーチングした個人のリーダーから火がついた。でも、いつか組織のだれもがジョゼフの教えに精通するようになる日が来ると思うわ」

「そうですね。なら、次のステップはなんでしょう？　私はあなたのプランにどういうかたちで参加できるのでしょうか？」

私ははやる気持ちを隠しながら、尋ねた。

アレクサは深呼吸をして答えた。

「まず、チャールズを今のあなたのポストに就けようと思う。彼はずいぶん前からその準備ができているはずよ」

一瞬、「批判する人の道」に引きずり込まれようとしている自分に気がついた。これは冗談なのか？　彼女は本気でチャールズを私の後継者として引き上げようとしているのか？　私はどうなるんだ？　アレクサの言葉を聞いて、かつてチャールズに抱いていたネガティブな感情が頭をよぎった。

自分の「批判する人のマインドセット」を静めるのに少し時間がかかった。

「あなたには引き継ぎをしながら、チャールズを指導してほしいの」

アレクサは私の目をまっすぐに見つめてこう続けた。

「ベン、あなたには、国内、海外、そしてバーチャル社員も含めた会社全体に『クエスチョン・シンキング』を浸透させるチームを率いてもらいたいの。事実上、あなたにはうちの社の〝QTアンバサダー〟になってもらうつもりよ」

口ごもった私をよそに、アレクサは心得顔で笑っていた。

「ベン、あなたは『クエスチョン・シンキング』をなにからなにまで知り尽くしているわ。あなたのこれまでの奮闘と究極の成功はだれも経験していないユニークな取り合わせよ。あなたはそれを通して、今回のプロジェクトリーダーにぴったりな資質をそなえた。ギアを入れ替えて、現在のチームリーダーよりも大きなことを考えてほしいの」

「できれば、ジョゼフに私をバックアップしてもらいたいのですが」

アレクサが笑いだした。

「わかった、それは保証するわ。今後、詳細を詰めていきましょう。QTにとくに熱心な人たちをチームメンバーとして集めないとね。ジョゼフには今、包括的なワークブックを含め、QTカリキュラムを作ってもらっている。

そこには、『選択の地図』をベースにした、ライブ感のある魅力的なeラーニングプログラムも入る予定よ。すでに、個人学習と共同学習のオンラインプログラムを開始しているの。受講者は、『学ぶ人』に変われた成功談や、成功者が見つけたQTツールの新たな活用方法を教えてもらえるのよ」

「それは、わくわくする構想ですね」と私はアレクサに言った。

とはいえ、今回の昇進についてよく考えてみると、胸をチクっと突き刺すような不安を感じた。

「私にはなにもかも初めてのことばかりです。私にできると、本当に思っていますか？いったいなにから始めたらいいのやら……」

アレクサとジョゼフが視線を交わした。口を開いたのはジョゼフだった。

「まずは自分の体験談を話すところから始めればいいよ。自分のことを正直に話すんだ。**リーダーシップには、その人がどんな結果を出してきたかと同じぐらい、どんな人物かが重要なんだ。**

きみがなにから始めたのか、今はどんな状況にいるのか。

QTが個人に、チームに、会社全体にどんな変化をもたらしたのか。

それを話せばいいんだ。


リーダーシップには、その人がどんな結果を出してきたかと同じぐらいどんな人物かが重要だ。


成功とあわせてきみの奮闘も話すといい。

信頼や同盟、つまり『学ぶ人同盟』を築くのに、とてもいい方法なんだ。それが人々にとって、きみの態度やスキル、きみの出した結果を見習うモチベーションとなる。

きみのリーダーとしての有効性は、多くの場合この『学ぶ人同盟』にかかっている。

きみの示す実例に基づいて、きみがそこにいたこと、きみがそれを実行したこと、さらに今きみがその立場にいることを知る人々への信頼と互いへの敬意がある。

きみは、『彼にできるのなら、自分にもできるだろう』と人々が考えられるようにする。

人々が、**それは実用的で学習可能なスキルであり、特定の個人だけがもちえる特徴ではな**

いと気づけば、その考えはますます現実的なものになる」

「ユーザーガイドのなかで説明しているQTツールのようですね！　チームにとっても私個人にとっても救世主でした」

アレクサが熱心にうなずいた。

「今日(こんにち)の世界では、適応性や再起性、迅速に戦略的に動けることが必要とされている。私は『学ぶ人の文化』が、それを満たす力を与えてくれると信じているの」

彼女は少し間をおいた。

「私が好きな、エドガー・H・シャインの言葉があるの。**『リーダーが行う真に重要な唯一の仕事は、文化を創造し、マネジメントすることである』**」

ジョゼフはうなずきながら、こうも付け加えた。

「シャインの言葉にはほかにも重要なものがあるんだよ。彼はこんなふうに警告している。**『もしあなたが文化をマネジメントしなければ、文化があなたをマネジメントすることになり、あなたはそれがどの程度起きているのか気づくことさえないかもしれない』**」

アレクサが私のほうを見てこう言った。

「これは今回の選任の重要な部分よ。あなたには、Qテック社の文化の実情とうちで働く人たちへの影響を正確に把握してもらいたいの。あなたはもう〝アンサーマン〟を卒業したのよ。ベン、私はあなたにグローバルQTアンバサダーというリーダー的ポストを提供するわ。

正式な肩書きは、最高質問責任者よ。

どんどん複雑化し不確実化する世界では、もう過去の答なんかには頼れない。そこで、私たちにもっとも大切なスキルは、自分自身にもほかの人たちにも、ベストな質問をすることなの。

〝知ろうとすること〟は不確実性への対抗手段だと、私は考えている。

これは、未来にもっとも成功するリーダーや組織を特徴づける実用スキルなのよ」

かなり長いあいだ、アレクサと私はそのまま視線を合わせていた。

やがて、私が口を開いた。

「新たな土地に足を踏み入れる、有名な開拓者のような気分ですよ」

「あなたは自分が思っている以上の自分を見つけることになるわ。私には絶対の自信があるの」

やがてジョゼフが笑いながらオフィスの壁にきれいな額縁に入れて飾ってある「選択の地図」を指さした。

「それに、きみは〝地図〟が標準装備になっているからね」

アレクサが言った。

「そのとおりね。あなたはもう必要な手段はすべて手に入れている。私たちの多くがほとんどの時間を『学ぶ人』で過ごしたら、どんなことが成し遂げられるか想像してみて」

アレクサがジョゼフのほうにチラッと視線をやると、彼はうなずいた。そして、今度は私のほうを向いた。

「どうかしら、ベン？　なにか質問は？」

「質問？　そうでしたね。質問なら山ほどありますよ！　私はもう、あなたが至るところに貼った、あのアインシュタインの言葉のチャンピオンですから。


そう、『すべてに質問を！』」


部屋の中が一瞬静かになり、その後、私たち三人はどっと笑いだした。

「きみたち二人は素晴らしいよ」

笑いがおさまったあと、ジョゼフが言った。

「素晴らしいことが今もあちこちで、あらゆる人のために起こっている。意図的な『学ぶ人の文化』を作る——胸が躍るようなビジョンじゃないか！

あらためてこう問いかけたいね。

『私たちすべてのために、

現在そして未来に向けて、

QTはいったいなにを可能にできるだろう？』」

まとめ 第14章

● リーダーシップには、その人がどんな結果を出してきたかと同じくらいどんな人物かが重要。

● 〝知ろうとすること〟は不確実性への対抗手段である。

● すべてに質問を！

あとがき

ベンのストーリーはフィクションですが、ここには真実がたくさん詰まっています。私はコーチングやセミナーをとおして、あるいは私がコンサルティングをしている組織のなかで、クエスチョン・シンキングの原理を学んだ多くの人々に、目をみはるような結果がもたらされるのを見てきました。

また、これは私自身のストーリーでもあります。このスキルやツールを使った経験を「まえがき」のなかでお話ししましたが、それはすべて事実です。

質問を通じて建設的な思考や結果を手に入れる「クエスチョン・シンキング」という方法がなければ、この本を書くことはなかったでしょう。

本書に述べた内容を毎日実践していなかったら、数社の企業を共同で所有することも、心から満足できる結婚生活もなかったことでしょう。

ベンのストーリーを読み、ユーザーガイドに目をとおしてくださったあなたは、クエスチョン・シンキングの恩恵をすでに受けはじめていると思います。

元エジプト大統領、アンワル・サダトはこう言いました。

『思考の枠組みを変えられない人間はけっして現実を変えられない』

自分への質問はまさに思考の枠組みです。これこそ私の主張、「質問を変えれば人生を変えられる」の基盤です。

家庭や職場の人間関係に学ぶ人の思考や行動を取りこむほど、自分自身やまわりの人々、そしてそれを取り囲む組織にプラスの影響を与えられます。

質問にあふれたリーダー、質問にあふれたチーム、質問にあふれた組織、そして質問にあふれた結婚に恵まれれば、世界はどうなるか想像してみてください。この原則を育児や教育に持ちこめばどうなるでしょうか？

批判する人は批判する人を生みだすだけですが、学ぶ人は学ぶ人を生みだす――この事実を覚えておけばとても心強いでしょう。

そこで、これがあなたへの最後の質問です。

あなたは自分の人生にどんな変化を起こしたいですか?

ＱＴツール

クエスチョン・シンキングのための
ユーザーガイド

本書のはじめでジョゼフがベンに紹介したユーザーガイドを見ていきましょう。ここでは、ベンが各ツールを適用した章をあげています。

多くの組織がこのユーザーガイドを、リーダーシップ、チームの協力体制、生産性、成果、コミュニケーション、イノベーションなど、各分野に分けた話し合いに活用しています。

職場や友人、家族との話し合いやミーティングの準備の際に、本書のこのガイドに付箋を付けるなどして、使いたいＱＴツールに簡単にアクセスできるようにするのもいいでしょう。

QTツール1

自己観察力を高めよう

（参照：第2章、第3章）

目的

あなたの能力を広げ、プレッシャーのかかる状況下にあっても、存在感・集中力・再起力を高め、より戦略的になれるようにすること。自己観察力が高まれば、それだけ自分の思考、感情、行動に責任がもてるようになる――そして、ストレスレベルが高くても、他者や環境に支配されなくなる。

解説

第3章で、ジョゼフはこのように説明しています。「一歩退いて、自分の人生を映した映画の観客になってみてはどうだろう」。

そのために、静かな場所でリラックスし心地よい状態になっている自分自身をイメージしましょう。自分自身を、好奇心に満ちているが内省的で偏見のない見地から見ることで、単純に対象そのものに気づきます。この見地から見れば、この世界におけるあなたの経験のなかで、あなたの意見や思いこみが果たす役割にどんどん意識が向いていく自分自身に気づくでしょう。そして、より意識的で効果的な選択ができるようになります。

程度はどうであれ、観察者モードに入るというのは、プレッシャーのある状況でも、変化について話し合い、意思決定をし、効果的に行動できる貴重なスキルです。

「批判する人」になっている自分に気がついたとき、自分がどんなタイプの質問をしているかを認識し、「学ぶ人」へとスイッチできるのです。

あなたの自己観察力を高める三つのシンプルな方法を紹介しましょう。

演習1

もし、あなたのスマホが鳴っても、なにもしないでください。ただ呼

び出し音を聞いて、自分の反応を観察するだけです。たとえば、だれからの電話だろうと考えた、どうしても電話に出たくなった、発信者を目で確認した、などです。

あなたの考えたこと、感じたことをただ観察し、それに応えて行動を起こすのではなく、やりすごしてください。それがその瞬間のもっとも重要な仕事であるかのように、あなたの注意を呼び出し音に集中させます。目標は観察者としての自分に対し意識を高めることです。

演習2

困難な状況にあるときは、行動したいとか自分の考えや感情を表現したいといった衝動に従わず、観察者モードに入りましょう。スマホが鳴ったときと同じように、〝応える〟必要はないということを、覚えておいてください。観察者の見地からただ見るだけ、聞くだけです。

すぐに新しい可能性が自分に開けていると気づくでしょう。実際に行動を起こす際には、より思慮深く、戦略的で意識的になっているでしょう。そして、より良い結果が得られるでしょう!

演習3

「批判する人」に乗っ取られたら、ほんの少し静かに立ち止まりましょう。今は行動を起こすときではないと自分に言い聞かせます。そのとき自分がなにを考え、感じ、なにを求めていたかをメモしておきましょう。

最高の自己観察者になって、この瞬間を意義のある大切な演習なのだと尊重し、あなたの自己観察力を強化しましょう。

「今なにが存在している?」穏やかにこう自問することで、どんなときでも自己観察力を作動させましょう。これは、あなたが「批判する人」になってしまったことを認め、わずかのあいだただそうなっているだけだと受け入れるための、最短ルートです。この「自分が今どんな状態にいるかに気づく瞬間」が、本当に自由な選択の力を与えてくれるのです。

QTツール2

頭のなかに「選択の地図」を刻み込もう

（参照：第３章、第６章）

目的

身の回りの出来事や人々をほとんどコントロールできないあいだは、ただ反応するだけになる。

「選択の地図」に慣れ親しみ、それを頭に刻み込んでいると、どんな反応を取るかの選択によって成果を得る能力を最大化できる。

第５章でベンの妻グレースは、冷蔵庫のドアに貼った「選択の地図」を持ったままあわてて仕事に出て行く。同僚との困った状況を解決するのに、どうしても必要だったのだ。

このシーンは「選択の地図」の実用的なツールとしてのエッセンスをよくとらえている。

つまり、家庭でも職場でも、余暇においても、私たちの行動や経験をもっとも効果的に導くような質問をし、マインドセットを選択するためのツールである。

解説

ベンのストーリーをとおして、ジョゼフは彼にこのようにコーチングをします。「選択の地図」を使って、質問から引き出された考え方を見つめ、考え方がもたらす結果を認識しなさいと。コーチングの各セッションでは、「選択の地図」が、ベンが質問を変えていくカギとなっています。

あなたもこれを実現できる四つの方法を紹介しましょう。

演習１

まずは、頭に思い浮かべられるようになるまで、「選択の地図」を見ましょう。あなたは「選択の地図」の左側のスタート地点の分岐点に立っていると想像してください。そこではなんらかの思考、感情、環境が

あなたに影響を与えています。

それでは、第3章の「批判する人の質問」と「学ぶ人の質問」を自らに問いかけてみましょう。少し時間をとって、それぞれの質問がもたらす結果について考えてみてください。

それぞれの道はあなたの感情にどんな影響を与えていますか?

それぞれの道はあなたの思考にどう影響していますか?

それぞれの道はあなたの行動にどんな影響を与えますか?

もし「批判する人の道」にいるなら、どんなスイッチング・クエスチョンをすれば、あなたはスイッチングレーンに立ち、「学ぶ人の道」に戻っていけますか?

「選択の地図」を思い浮かべ、「私は今どこにいるのだろう?」とただ尋ねてみてください。

以下のようにも尋ねてみてください。

「私は『批判する人』だろうか?」

「私はどこにいたいのだろう?」

「この状況で私の究極の目標はなんだろう?」

演習 2

あなたが頭に描いた「選択の地図」を使って、あなたにとって良い結果ではなかった過去の状況から学んでみましょう。

「批判する人の乗っ取り」があなたの成功を阻みましたか?

今同じ状況にいたなら、それをどうやって切り抜けますか?

演習 3

あなたが頭に描いた「選択の地図」を使って、あなたに良い結果をもたらした状況から学んでみましょう。

どんな「学ぶ人の質問」が変化をもたらしましたか?

もし「批判する人」に乗っ取られたとしたら、どんなスイッチング・クエスチョンで「批判する人の落とし穴」を回避し「学ぶ人の道」に戻り

ますか?

どんな教訓をこの観察から引き出せますか?

演 習 4

昔の医学校で言われていた言葉です。

「まず自分で見て、次に実行し、修得したらそれを教えなさい。そうすれば自分のものになる!」。

職場や家庭で、ほかの人たちに「選択の地図」を教えてあげましょう。これは「学ぶ人の人間関係」を強化する理想的な方法です。注意することが一つ。あなたがほかの人に「選択の地図」を教えてあげる場合は、かならずあなた自身が「学ぶ人」でいることです。

QTツール3

質問の力を仕事に活かす

（参照：第2章、第8章）

このツールは二つのパートに分かれています。一つ目のパート（A：自分自身への質問）は、自分への質問をより意識的で効果的なものにします。二つ目のパート（B：ほかの人への質問）はほかの人への質問をより実り多く効果的なものにします。

A：自分自身への質問

目的

思考する際に用いる自分への質問に対する意識を高め、量を増やし、質を高める。質問と聞くことは、コインの表裏だと覚えておこう。

解説

「学ぶ人の質問」であれ「批判する人の質問」であれ、自分に向ける質問が得られる結果に影響を与えると認識したとたん、ベンは変わりはじめます。それから彼は、クエスチョン・シンキングシステムのツールを応用して自分の質問を改良しはじめます。

私たちの行動は、気づいていようといまいと、自分自身への質問によってかり立てられています。旅行に出かける準備といった普通の行動でさえ、質問によってかり立てられています。

たとえば、荷造りをする際、あなたはこんな質問をします。「天気はどうだろう？」「カジュアルな洋服に加えてワンピースも必要かな？」「どのスーツケースがいいかな？」「滞在期間はどれくらい？」。あなたは心のなかで質問に答えたでしょう。そのあとで、スーツケースに荷物を詰めるといった行動をとります。

旅先で忘れ物をしたのなら、それはあなたが荷造りをしているときにその物について質問し忘れたというだけなのです。

自分自身への質問に対する気づきを高めるための二つの演習「セルフQ」は、とてもシンプルです。

まず、自分自身への質問が生活にどこまで浸透しているかに注目しましょう。次に、あなたが一般的に自分に向ける質問や、それがもたらす経験や結果がどんなタイプのものかを見ていきましょう。

演習 1

明日の朝、目覚めたら、ちょっとしたリサーチをしましょう。

着替えながら自問する質問をメモしてください。その後一日をとおして、自分自身の行為やだれかと交わす行為の両方の観点から、どういった質問があなたの行動に影響しているかを自問してみましょう。行動を生む質問を認識するためには辛抱強い観察が必要ですが、繰り返していくうちに、自分自身への質問があなたの生活で果たす影響力の大きさに気づくでしょう。

演習 2

自分自身への質問に関する二つ目のリサーチです。一日をとおしてのあなたの反応に注目してみましょう。あなたが最初に考えたのは、答ですか？　それとも質問ですか？

もしあなたが最初に考えたのが答なら、それを質問に変えましょう。答から質問へのシフトが、あなたの気分や行動、他人との関わりをどのように変えるのかに注目してください。さらに、あなたの答と質問の相互関係と、それがもたらす経験や結果のタイプに注目してください。

演習 3

良い聞き手になるために、まずあなたがなにを考えているかに注目してください。それから、ほかの人の言葉が聞こえるように、考えていることを脇に置きましょう。自分の言葉ばかりに耳を傾けていると、他人の言葉を聞くのは難しい。

「批判する人の耳」ではなく「学ぶ人の耳」で聞くよう心がけます。

B：ほかの人への質問

目的

ほかの人への質問に対する気づきを高め、ほかの人への質問の量や質、意図に変化をもたらす。

解説

ベンのストーリー全体を通して、ジョゼフは彼が質問をすることの重要性を理解できるよう手助けしています。

質問をする目的は：

・情報を集めるため
・理解や知識を得るため
・関係を構築、改善、維持するため
・聞いた内容を明確にし、確認するため
・創造性と革新性を刺激するため
・対立を解消し、協力体制をつくるため
・思いこみがないか探し、それを疑ってみるため
・目標を設定し、行動計画を立てるため
・新たな可能性を探究、発見、創造するため

演習 1

質問と答のおおよその割合はどのくらいですか？　質問よりも答のほうが多いですか？　質問を増やし、答やアドバイスを減らしましょう。どんなことに気づくでしょうか？

演習 2

ある質問がプライベートや仕事にポジティブな変化をもたらしたときのことを思いだしてみましょう。それはどんな質問でしたか？　どんな結果でしたか？　どんな内容でしたか？

QTツール4

「学ぶ人」と「批判する人」のマインドセットと質問

（参照：第３章、第６章）

目的

「学ぶ人のマインドセット」と「批判する人のマインドセット」を認識し、それぞれが私たちの思考、感情、行動、人間関係、結果にどのように影響するかに注目する。

解説

第３章では、ベンがジョゼフの「学ぶ人／批判する人の質問」リストを使って、自分が行っている質問のタイプや、彼自身、ほかの人たち、特定の状況にもたらす影響を認識しています。ベンがより便利にクエスチョン・シンキングを利用できるように、ジョゼフは「学ぶ人」と「批判する人」のマインドセットや人間関係を識別できるツールを紹介しています。

ベンは「学ぶ人」でいるときと「批判する人」でいるときの知性面での違い、感情面での違い、生理的な違いを認識する能力を向上させました。この演習をすれば、あなたも向上させられるでしょう。

演習１

「学ぶ人／批判する人の質問」の「批判する人」の欄にある質問を見て、その質問が身体や心、知性にどう影響するかに注目してください。

「批判する人の質問」によってエネルギー切れを感じたり、不安や緊張感を抱いたり、ものごとに対しネガティブになったり、あるいは少々ブルーな気分になったりするでしょう。

ＱＴワークショップでは、「批判する人の質問」で思考していると、息が苦しくなる、頭痛がする、といった報告があります。

では、「学ぶ人」にスイッチしてみましょう。

深呼吸をして、「批判する人」を追い払い、リストの左側にある「学ぶ人の質問」をゆっくりと読んでください。どんな感じがしましたか？

多くの人が「学ぶ人の質問」によって、エネルギーが湧いてきた、楽観的で開放的な気分になった、希望が湧いてきた、リラックスしてきた、と報告しています。そして、解決策や可能性を見つけだそうという気持ちになるのです。

たいていの人たちは、二つのタイプの質問によって、まったく違う気分になると報告しています。そして、それぞれの気分で考えたり、感じたり、行動したりするそうです。

「学ぶ人」や「批判する人」のマインドセットが、あなたにとって経験や可能性の世界にどんなかたちで影響を及ぼすでしょうか？

両者のマインドセットがあなたがほかの人と交流する際にどう影響するかを探っていきましょう。

「批判する人のマインドセット」でいると、あなた、あるいは相手とのコミュニケーションや結びつきにどう影響するでしょうか？

さあ、「学ぶ人のマインドセット」にスイッチしましょう。これが相手との交流にどう影響するかメモしておきましょう。

QTツール5

「批判する人」と友だちになろう

（参照：第4章）

目的

自分自身であれほかの人であれ、「批判する人」をより意識し、受け入れられるようにする。

解説

ベンが自分のなかの「批判する人」にどんどん意識を向けるようになると（第4章）、彼は自分が「批判する人」になっていることが多いということに気づきます。ジョゼフは「批判する人」と仲よくなるようすすめることで、この一見ダブルバインドのように見える状態についてコーチングしています。

「批判する人」になっていることを受け入れるほど、「学ぶ人」にスイッチできる能力が高まります。「学ぶ人」になれば、私たちは再起力・集中力にすぐれ、臨機応変かつ戦略的になり、人とうまくつながれるようになります。

演習1

ちょっとした日記を持ち歩き、自分自身や相手が「批判する人」になっていると気づいたら、短いメモを残しておきましょう。「批判する人」と関係する身体的感覚や気分だけでなく、自分が行っていると気づいた「批判する人の質問」もメモしておきましょう。これによって、「批判する人」に対する意識を高めることができます。

演習2

腕に輪ゴムを巻いておき、自分が「批判する人」に乗っ取られたと感じたら軽くはじきましょう。同時に「批判する人」に対する意識が高まった自分を祝福してあげましょう！

演 習 3

たとえばテレビを観るなど、ニュートラルな状況（優劣や勝敗が関係しない状況）に10分間身を置いて、わざと「批判する人」になってみましょう。

たとえば、ニュースキャスターの髪型や声や服装にあからさまに文句を言ってみるなどです。そのときに感じたことや思ったことをメモしておきましょう。「批判する人」と簡単に仲よくなれるようになると、「学ぶ人」にスイッチする能力が高まります。

演 習 4

「批判する人」に対し、「批判する人」にならないように注意しましょう。自分が自分自身あるいはだれかほかの人の「批判する人」に批判的になっていると気づいたら、一歩退いて、自身の自己観察力を祝福してあげましょう。

この気づきをとおして、「学ぶ人」で行動する自由を手に入れ、良い結果を得る態勢が整います。

QTツール6

思いこみ撲滅トレーニング

（参照：第10章）

目的

間違った情報、未検証の情報、不十分な情報にたよって過ちや、意図せぬ結果に苦しむことを最小限に抑える。

解説

ベンとグレースはともに間違った思いこみをしており、それがコミュニケーションや創造的な思考を妨げています。間違った思いこみは、満足のいく関係を構築する能力を含め、目標や願望達成のための努力を無駄にします。

自分たちの思いこみに気づいたとき、ベンとグレースはよりポジティブで満足のいく未来をともに築くチャンスを得ます。

あなたは自身の思いこみをどうやって評価しますか？

まずは、自分の思いこみに気づき、検討する勇気と意欲をもつところから始めましょう。思いこみを見つけだし、それに疑問を投げかけるような質問をすることは、トラブルを避け、あなたが望む結果を得るために不可欠なものです。

演習1

なにかに行きづまっていた、あるいは違う結果を求めていたといった状況を思いだしてください。

次の「思いこみを打ち破る質問」リストを使って、間違った思いこみや欠陥のある思いこみに光を当ててみましょう。あなたの反応を書き留めてみるのもいいでしょう。

・自分についてどんな思いこみをしているだろうか？
・ほかの人たちについてどんな思いこみをしているだろうか？

・現在では当てはまらないかもしれない過去の事実からどんな思いこみをしているだろうか？
・利用可能なリソースについて、どんな思いこみをしているだろうか？
・不可能なこと、あるいは可能なことについて、どんな思いこみをしているだろうか？

QTツール7

「スイッチング・クエスチョン」

（参照：第６章、第８章）

目的

「批判する人の道」から「学ぶ人の道」への軌道修正を容易にする。（必ず、頭に思い描いた「選択の地図」のスイッチング・レーンを参照すること）

解説

第６章では、ジョゼフはベンをスイッチング・レーン（「批判する人」から「学ぶ人」への近道）に案内します。

スイッチング・クエスチョンを方向転換あるいは軌道修正する質問と考えてください。スイッチング・クエスチョンは文字どおり、あなたを「批判する人」から救い出し、新しいコースを選択するだけでなく、ときには大きな飛躍を生みだすチャンスをもたらします。

まさにその特質によって、スイッチング・クエスチョンは〝フロム・トゥー〟クエスチョンであり、私たちを「批判する人」から「学ぶ人」へ連れていってくれます。私たちはそう認識して、スイッチング・クエスチョンを活用しています。それを活用していると意識すればするほど、意のままに選べるようになります。

最高のスイッチング・クエスチョンとは、あなたにとって自然に難なく活用できるものです。

次にあげるスイッチング・クエスチョンのリストは、ワークショップの参加者が気づいたものです。

・私は「批判する人」になっていないだろうか？（どんなときでもこの気づきから始まる）
・これは私が感じたいことだろうか？
・これは私がやりたいことだろうか？

・私はどこにいたいのだろう？(どちらに行きたいのだろう／なりたいのだろう？)
・そこに行くにはどうすればいい？
・これはうまくいっているのだろうか？
・事実はどうなのだろう？
・これについてほかにどう考えられるだろう？
・私はどんな思いこみをしているのだろう？
・相手はなにを考え、なにを感じ、なにを求めているのだろう？
・この状況でどんなユーモアを見いだせるだろう？
・私に今できる選択あるいは決断はなんだろう？
・私は自分がなりたい人間／リーダー／親（など）だろうか？

演習1

困難であったり、挫折しそうだったりしたものの、なんとか好転させることができた過去の状況を思い浮かべてください。

その状況で活用したかもしれないスイッチング・クエスチョンを思いだし、変化がもたらされた理由を探ってみましょう。あなたが直感的に行った質問がどんなものだったかわかれば、それをもっと意図的に上手に首尾よく使えるようになります。

演習2

第8章では、ジョゼフがベンに「A—B—C—Dの選択プロセス」を紹介しています。現在あなたが改善したい困った状況を一つ選び、「A—B—C—Dの選択プロセス」に沿って考えてみましょう。

QTツール8

「学ぶ人のチーム」の基礎を築こう

（参照：第9章、第11章）

目的

クエスチョン・シンキングを最高の業績をあげるチームや組織の構築に適用する利点を探る。

解説

第9章では、ジョゼフが「選択の地図」を使って、「学ぶ人のチーム」と「批判する人のチーム」の違いを探究しています。ベンは自分の「批判する人のチーム」を「学ぶ人の原理と実践」に導かれたチームに変える方法を探し求めています。

チームでの仕事はあまりに大変な経験であり、たやすく「批判する人の道」に滑り込んでしまいます。人の話を聞かなくなる、自分の行動計画を押しつける、うまくいかないと他人を責めてしまう、というように。

メンバーもまた「批判する人」になってしまいます。自分は貢献できる価値がないと思い込んだり、働くのを止めてしまったり、十分に関わらなくなったり。だれかに対して「批判する人」になってしまうこともあります。「批判する人」がはびこると、勝者はいなくなります。

「学ぶ人のチーム」の概念を導入することで、各メンバーはガイドラインに沿って、「批判する人」の行動をやめ、「学ぶ人」の道へと戻っていきます。メンバーにはプラス効果が現れ、熱意や生産性が向上し、あらゆるレベルで良い結果が得られます。

演習 1

これまでに「批判する人のチーム」にいたことがあるか、同僚に尋ねてみましょう。皮肉な笑いを返されることもあるでしょう。

今度は、これまでに「学ぶ人のチーム」にいたことがあるか尋ねてみましょう。相手はたいてい純粋な好奇心を抱き、個人的な経験や協力

のしやすさ、成功したチームの一員であるという喜びといった観点から、その違いについて自由な話し合いが始まるでしょう。

演　習　2

「選択の地図」を使って、「学ぶ人のマインドセット」と「批判する人のマインドセット」の効果について話し合ってみましょう。

「批判する人」の代償や「批判する人」の行きづまりといった概念も会話のなかに入れましょう。それから、「学ぶ人同盟」の原理を紹介し、「学ぶ人同盟」をつくり、そこで力を合わせると、チームにどんなことがもたらされるかも話し合ってみましょう。

演　習　3

あなたのチームにQストーミング（第11章）を導入しましょう。そして、ミーティングの際に、「選択の地図」に基づいて、チームとQストーミングを行うことによって、より効果的にコミュニケーションをとり、協力し合うためのガイドラインをつくりましょう。

演　習　4

あなた自身であれ、ほかのだれかであれ、「批判する人」が指し示すのは、注意を向けるべき懸念ですか、価値ですか？

QTツール9

Qストーミングで飛躍的な進歩を

（参照：第11章）

目的

協力的で創造的、かつ戦略的な思考を高めて、より好結果をともなう飛躍的進歩を促進する。

解説

ベンのリーダーシップでの成長には、Qストーミングが関わっています。これは第11章でベンがチャールズから学んだもので、ベンとそのチームの飛躍的な進歩にも貢献しています。

Qストーミングは、意思決定、問題解決、戦略計画、革新のために非常によく利用されます。これは限定思考を超えて、枠にとらわれない解決策や回答を導き出すためのツールです。

Qストーミングはブレーンストーミングと似ていますが、その目的は「できるだけ多くの質問を生みだすこと」です。生みだされた質問のなかに、望みどおりの新たな機会や方向性が見つかります。一般的に、質問は思考を開き、答はさらなる発見を妨げがちです。

Qストーミングは三つの前提に基づきます。

（1）偉大な成果は、偉大な質問から始まる。
（2）たいていの問題は、適切な質問によって解決できる。
（3）自分自身に向ける質問は、たいてい新たな思考や可能性への最高に実りある機会を提供する。

Qストーミングは一般的にグループやチームで行われ、とくに新たな方向性や可能性を探究する際に用いられます。また、二人での目標指向の会話、たとえばコーチングやリーダーシップ、マネジメント、セールスの会話でも活用されます。

Qストーミングは対面やリモートでのグローバルチームやコーチングクライアントにも使用されます。

チームメンバーとともに進行役が、質問生成フェーズに入るまえに、セッションのための堅実な目標設定や、目標についての思いこみを導き出すことに集中して取り組みます。

最後には、たいてい行動計画が作成されますが、Qストーミングセッションのあいだの発見をもとに修正されることもあります。

クエスチョン・ガイドライン

- 質問は、単数であれ複数であれ、最初の人が〝私〟や〝私たち〟を使って行う。新しい質問を求めていても、必ずしもだれかに尋ねたりはしない。
- 質問生成は「学ぶ人のマインドセット」で行い、「批判する人」は避ける。
- 質問は多くの場合、自由回答形式で、回答を限定しない。
  例：「私はできるかな？」ではなく「私はどうすればできるかな？」
- 度胸のある挑発的な質問を促す。「ばか」や「まぬけ」もOK。質よりも量を重視。

QTツール10

「成功のための十二の質問」

（参照：第10章）

目的

変化を導入したり新しい方向に着手するまえに、プロジェクトや目標を創造的に考えられるよう一連の質問を個人やチームに提供する。

解説

第10章では、ベンが渋滞につかまり、その後のアレクサやチャールズとのミーティングに困っていました。彼はジョゼフに電話をし、「成功のための十二の質問」のうちの三つを教えられます。この三つの質問により、仕事面でも妻のグレースとの関係でも、クエスチョン・シンキングを使ってより大きな成功と満足を得る飛躍的進歩が始まります。

「成功のための十二の質問」は、少なくとも三つのやり方で使用されることもあります。

1. これは、あなたが変えたい、あるいは改善したい状況に取り組む際、手助けとなる質問です。
2. 自分がしていなかった質問のリストを見てみたい場合。
3. ある特定の状況で、強調すべき適切な質問を探している場合。

これらの質問は、ありとあらゆる人生の難題に適用できます。これらの質問を日常の思考に組み入れれば、人生が一変します。困った問題が起きたときも、助けとなる質問を自然と思いだせるでしょう。

演習

なにかに行きづまっている状況や変化を起こしたい状況について考えてみてください。

その状況のなかで、いくつかの観点から、次にあげるリストの質問を自分自身に質問してみてください。

「私はなにを求めているのだろう?」。

だれかほかの人に質問してみてください。

「あなたはなにを求めていますか?」。

あるいは、あなたと関係が継続中のだれかに質問してみてください。

「私たちはなにを求めているのだろう?」

以下に質問のリストをあげておきます。

1. 私はなにを求めているのだろう? 私の目標はなんだろう?
2. 私はどんな思いこみをしているのだろう?
3. 私はなにに責任をもつべきなのか?
4. これについてほかにどんな考え方ができるだろうか?
5. 相手はなにを考え、なにを感じ、なにを求めているのだろう?
6. 私はなにを見落としているのだろうか、なにを避けているのだろうか?
7. 私はなにを学べるだろう? この人から、あるいはこの状況から。この過ちから、あるいはこの失敗から。この成功から。
8. どんな質問をすればよいのだろう(わたし自身に/相手に)?
9. この経験をどうすればWｉｎ—Wｉｎの状況に(両者が満足するように)変えられるだろうか?
10. なにが可能だろうか?
11. 私はどんな選択ができるだろうか?
12. どんな行動をとることがもっとも道理にかなっているだろうか?

このリストをすぐ手の届くところに置いて、いつでも参照できるようにしておきましょう。

QTツール11

自分自身やほかの人をコーチングしてみよう

目的

コーチングにおけるQTメソッドの実用性についてスポットライトを当てる。

解説

リーダーという立場にいると、多くの場合、部下が抱える問題や目指す目標について、彼らを導くことが求められます。本書をとおして紹介されているジョゼフのメソッドは、ベンが解決策を見つけだせるような質問をする手助けとなっていることに注目してください。

同時にジョゼフは、ベンに自分でもできるようセルフコーチングのメソッドも教えています。

この二方面のアプローチは、コーチとクライアントの協力関係を育てます。つまり、あなたがコーチングする相手の問題を解決する場にいなくても、相手は自分で問題を解決し、目標を達成するためのスキルやツール、メソッドを学ぶようになります。

コーチとして行動する際は、ジョゼフがこのストーリーのなかで行ったように、安全な環境を提供するべきです。相手に大きな効果を出せる力を与えます。

あなたがコーチング実務のためのQTにおもに関心をもっている場合、ジョゼフの視点からベンのストーリーを読み、彼がベンと取り組んだ方法に従い、この二方面のアプローチを活用しましょう。

たとえば、最初のコーチングセッションのはじめのほうで（第2章）、ジョゼフはベンに、彼が学んでいるQTメソッドがどんなことにおいても賢明な選択をし、より多くの質のよい質問をし、より良い結果を得る方法を教えています。ベンのコーチとして、ジョゼフはQTメソッドを

学ぶことは、彼らがともに取り組んでいるワークの不可欠な部分であることを明確にしています。

ジョゼフはベンにこのワークの背後にあるいくつかの理論を説明し、その後最初のスキル〈ツール1：自己観察力を高めよう〉を教えます。これはこのユーザーガイドの第1のツールです。

コーチングセッションのはじめには、クライアントの注意を「選択の地図」に向け、そこから会話を進めていきます。これは、リモートセッションでも有効です。クライアントが「選択の地図」を目の前に置いていたら、コーチはこう尋ねます。

「今、『選択の地図』の右側のどこかに自分自身を置くとすればどこに置きますか？」「『批判する人』ですか？　『学ぶ人』ですか？」「『批判する人の落とし穴』に落ちていませんか？」「スイッチング・レーンで次になにをすればいいか考えているのですか？」。

「選択の地図」に折に触れて目を向けるのは、コーチにとってもクライアントにとっても有益です。

このメソッドについてのクライアントの知識が増えていくと、セッションはどんどん協力的なものになっていきます。この共同アプローチをとおして、クライアントは自己をより認識できるようになり、セルフマネジメントやセルフコーチングがうまくなっていきます。クライアントはコーチとの関係だけでなく、同僚やチームとの協力関係を築くスキルや自信を身につけていきます。

クライアントに「選択の地図」を教える準備ができたら、あなたなら自分自身を地図のどこに置くかを考えてみてください。自分のなかのどこかに「批判する人」がいるとわかったら、こう自問しましょう。

「私の『批判する人』は私になにを言おうとしているのだろう？」「どんなスイッチング・クエスチョンなら『学ぶ人』への移行に役立つだろうか？」「今日、どんな方法なら『選択の地図』が私のクライアントにもっとも役立ってくれるだろうか？」。「学ぶ人のマインドセット」は、コーチングマインドセットであることを忘れないでください。

QTツール12

質問によるリーダーシップ：クエスチョン・シンキングの力についての考察（覚書）

（参照：第14章）

目的

ベンの質問好きなリーダーとしての成長に見られるような、クエスチョン・シンキングのメソッドや利点、結果に注目する。

解説

今日（こんにち）のビジネスや組織活動では、高度なセルフマネジメントスキルやソーシャルスキルを身につけたリーダーのニーズがますます注目されています。『ＥＱ：こころの知能指数』の著者ダニエル・ゴールマンは、知性や知識に基づくサービスに注目が集まるにつれ、人々のスキルはチームワークや協力体制、ともに学ぶ手助けをする活動がますます重要になっている、と述べています。

フォーチュン誌では、デビッド・ロックがさらにこう考察しています。「グループのなかで他人とうまく働ける能力は、相手の感情を察知する能力にかかっている。チームのメンバーが本当に求めているもの、大切にしているものはなにかを知っている上司は、プロジェクトの構成に注目するだけの上司よりも、より良いチームにできるだろう」

『すべては「前向き質問」でうまくいく』をとおして、アレクサ、ジョゼフ、最後にはベンも、〝質問によるリーダーシップ〟と呼ぶものの長所、質、特徴を兼ねそなえた象徴的な存在になっています。

こうした能力には決断力に加え、頭が柔らかく、好奇心旺盛であることも含まれます。質問好きなリーダーは自己観察力が高く、自省的で、自身に対してもまわりの人たちに対してもその継続的な成長に熱心に取り組みます。彼らは再起性、適応性、創造性に長け、〝知らないこと〟も

気持ちよく受け入れます。さらに彼らは戦略的に考え、協力し、導きます。意図的に多くの「学ぶ人の質問」を自分自身にもほかの人たちにも投げかけています。

良いコーチングの教義に従い、ツール11を身につけた質問好きなリーダーは、質問することと聞くことは自分を賢明にし、同時にまわりの人たちにも力を与え、つながりを強くすることができると理解しています。彼らは、自身の思考や意思決定にも、他人とのコミュニケーションにも強力な結果を生みだす「学ぶ人の質問」を活用しています。

また、彼らは重要な質問をしなかった場合のリスクやチャンスの喪失についても認識しています。しかも彼らは、質問をやめて行動を起こすタイミングも心得ています。

質問好きなリーダーは、意図的な「学ぶ人の文化」を生みだします。そこでは、探究が重んじられ、奨励されます。彼らは組織全体の探究活動の模範であり、その指揮を執っています。

彼らは多くの質問をし、答やアドバイスは控えめにしています。それによって協力体制や創造的思考、新たな可能性をもたらしています。彼ら自身の言葉や行動、振る舞いが、貢献意欲、モチベーション、献身を促し、奨励することで、信頼感、敬意、忠誠心を高めるのです。

これが、第14章でアレクサ、ジョゼフ、ベンが思い描いた「学ぶ人の文化」なのです。

ベンのストーリーの主な目的は、今日の世界に不可欠な自己認識やセルフマネジメントのスキルを築くためのモデルを提供することです。リーダーとしてのベンの成長は、自身の「批判する人」に気づく方法、そしてスイッチング・クエスチョンが私たちに絶え間なく自身を「学ぶ人」にリセットする方法に光を当てています。「選択の地図」によるこれらのＱＴセルフマネジメントスキルは、質問によるリーダーシップの心臓部といえます。

これらのツールを活用することで、高い自信、穏やかな自制心、心

の機敏さ、そして存在感を示し、人にも環境にも効果的に対応する能力につながります。これこそが、質問好きなリーダーが「学ぶ人の文化」を生みだす方法なのです！

「選択の地図」の助けを借り、ベンのストーリーに鼓舞されて、ＱＴ(クエスチョン・シンキング）はあなたの日常生活のなかでもその価値を証明するだろうと私は信じています。

本書で得たことを応用する機会をもってください。

リーダーは、自らが模範となり、ほかの人たちに力を与えることで人を率いているのです。あなたが正式なリーダーの立場にあろうとなかろうと、相手が家族だろうと友人だろうと、あなたのリーダーシップが試される場はつねにあるのです。

すべては「前向き質問」でうまくいく〈増補改訂版〉
発行日　2024年7月19日　第1刷

Author　マリリー G.アダムス
Translator　中西真雄美
Supervisor　鈴木義幸
Book Designer　小口翔平＋後藤司（tobufune）
Publication　株式会社ディスカヴァー・トゥエンティワン
〒102-0093　東京都千代田区平河町2-16-1 平河町森タワー11F
TEL　03-3237-8321（代表）　03-3237-8345（営業）
FAX　03-3237-8323
https://d21.co.jp/

Publisher　谷口奈緒美
Editor　大田原恵美

Distribution Company
飯田智樹　蛯原昇　古矢薫　佐藤昌幸　青木翔平　磯部隆　井筒浩　北野風生　副島杏南
廣内悠理　松ノ下直輝　三輪真也　八木眸　山田諭志　小山怜那　千葉潤子　町田加奈子

Online Store & Rights Company
庄司知世　杉田彰子　阿知波淳平　大崎双葉　近江花渚　滝口景太郎　田山礼真
徳間凜太郎　古川菜津子　鈴木雄大　高原未来子　藤井多穂子　厚見アレックス太郎
金野美穂　陳玟萱　松浦麻恵

Product Management Company
大山聡子　大竹朝子　藤田浩芳　三谷祐一　千葉正幸　中島俊平　青木涼馬　伊東佑真
榎本明日香　大田原恵美　小石亜季　舘瑞恵　西川なつか　野﨑竜海　野中保奈美
野村美空　橋本莉奈　林秀樹　原典宏　星野悠果　牧野類　村尾純司　元木優子
安永姫菜　浅野目七重　神日登美　波塚みなみ　林佳菜

Digital Solution & Production Company
大星多聞　小野航平　馮東平　森谷真一　宇賀神実　津野主揮　林秀規　福田章平

Headquarters
川島理　小関勝則　田中亜紀　山中麻吏　井上竜之介　奥田千晶　小田木もも　佐藤淳基
仙田彩歌　中西花　福永友紀　俵敬子　斎藤悠人　池田望　石橋佐知子　伊藤香
伊藤由美　鈴木洋子　藤井かおり　丸山香織

Proofreader　文字工房燦光
DTP　浅野実子（いきデザイン）
Printing　シナノ印刷株式会社

ISBN978-4-7993-3011-1
SUBETEWA MAEMUKISHITSUMONDE UMAKUIKU by Marilee G. Adams